分享经济

孙兴武◎著

中国纺织出版社
国家一级出版社
全国百佳图书出版单位

内 容 提 要

本书以分享需要具备的两个前提：供应过剩的经济；现代人对物质与认知的双倍盈余，需要与他人进行互动。只需借助一个由第三方创建的市场平台，个体就可以在上面交换闲置物品，分享知识和经验或者筹集资金。

移动互联网时代，分享经济成为大势所趋。分享经济符合创新、协调、绿色、开放、分享等发展理念，代表着一种绿色的生活方式，但要想融入全球分享经济热潮，还需要不断引导和规范，需要努力营造一个良好的生态氛围。

图书在版编目（CIP）数据

分享经济 / 孙兴武著 . -- 北京：中国纺织出版社，2019. 1（2024.2重印）

ISBN 978-7-5180-5949-2

Ⅰ. ①分… Ⅱ. ①孙… Ⅲ. ①商业模式—研究 Ⅳ. ① F71

中国版本图书馆 CIP 数据核字（2019）第 029419 号

策划编辑：陈希尔　　责任印制：储志伟

中国纺织出版社出版发行
地址：北京市朝阳区百子湾东里A407号楼　邮政编码：100124
销售电话：010—67004422　传真：010—87155801
http: // www.c-textilep.com
E-mail: faxing@c-textilep.com
中国纺织出版社天猫旗舰店
官方微博http: // weibo.com / 2119887771
北京兰星球彩色印刷有限公司印刷　各地新华书店经销
2019年 3 月第 1 版　2024年2月第2次印刷
开本：710×1000　1 / 16　印张：11
字数：140 千字　定价：58.00 元

·推荐语·

孙兴武先生是国内较早提出分享经济概念的理论和实践者。他的《分享经济》一书有许多较新颖的观点，提供给我们分享。当前，随着我国互联网经济的发展，为我们进一步探索和深化分享经济理论提供了基础和前景。

愿孙兴武先生《分享经济》一书能够引发大家对分享经济理论更多的关注和讨论。

贺　涛

中国期货市场创始人之一

新时代经济是分享经济

姜　明

中国商业联合会会长

序言

人类经济与人类科技的发展突飞猛进，转眼已经到了以网络技术为基础的智能经济和分享经济时代。共享出行、共享空间、共享物品、共享金融、共享医疗和共享教育，等等……理论是灰色的，而分享经济实践生机勃勃。当下，本该源于实践总结并指导实践的分享经济理论，严重落后于时代发展的步伐。

多年前，当本书作者孙兴武先生给我讲起他的消费商、消费创造价值和消费资本论的时候，作为一个经济学专业人士，我似懂非懂，脑中观念和知识被倾刻颠覆。

多年来，他创办叁生堂、递灵客，不断进行着实践与理论的创新探索。我虽也参与了其中的一些活动，包括商业模式探讨和融资方案策划，等等。但不久前，他把《分享经济》书稿传来，要我提意见并修改其中部分内容的时候，我顿感惭愧。一方面是因为忙，无暇冷静坐下；另一个羞于启齿的原因，在于我还一知半解，没有把握，有点不敢……终成遗憾。现在，他又邀我为书稿写个简短的序言，我口头爽快答应，可还是犹豫再三，拖了又拖。今天再读书稿，勉强提笔献丑。

我的知识已经陈旧，现在天天学习都有点跟不上。查阅目前的经济管理资料，对分享经济的探讨还不多，尚处初级。本书与同类相比，是一大进步，更全面，更深入，属承前启后的创新成果。因为作者以自己的实践创新（递灵客等）和理论创新（消费资本论等）为基础。别的理论家或实践者，难于企及。当然，肯定也还有不足，因为创新还在进行中……

这几年，每当我为中组部培训系统的各地干部和企业家讲授创新创业时，都会讲到“三剑客”（创客、极客、黑客）。黑客（Hacker），技术高超的网络攻防手，中国不少；创客（Maker），兴趣爱好型创业者，中国短缺；极客（Geek），思维和行为不同于常人的技术/管理创新者，中国尤为稀缺。我们既缺图灵、纳什般的科技极客，更缺乔布斯、比尔·盖茨类的商业极客。

孙兴武，复旦物理学高材生，本有物理学家的天资，但身为中国人的命运把他推到了商场。作为校友，作为朋友，他是我心目中敬佩的、可爱的极客。沉稳、内敛、厚道、不善言辞，但又思想敏锐、观念新颖、个性独特。他一边进行创业实践，一边进行理论创新。他首提O2O（线上线下一体化）商业模式时，比美国人还早7个月；他看到了互联网的缺陷，发展出了OOD（线上线下直接面对面）商业新模式；现在，他又以物理学的超宏观视野，看到了科技的局限、经济的局限，要将文化融入其中，正创试OODE（E，情感）新模式，探索人类未来的情感经济（比如说，人们是否喜欢你的企业和产品）……

而对于这些，我只想跟他学、也只能跟他学。敬请读者和我一起，期待他的下一本书稿！

陆德明

经济学教授、博士生导师

国务院1995年“政府特殊津贴”专家

导言

分享经济正在影响传统消费模式

如今“分享经济”已经渗透到我们生活的方方面面，其利用网络信息技术，借助互联网平台，将各类分散的资源进行优化配置，可以较大地提高利用率。分享经济在世界范围的快速发展，不仅改变人们的生产生活方式，而且还改变了人们的消费理念和就业模式，已经成为时代发展的趋势。

目前，世界主要发达国家都在积极引导和支持分享经济发展，例如，美国有多个州政府纷纷修改相关法规法案，明确了乘车分享和个人房屋短租的合法性；欧盟委员会出台了《分享经济欧洲议程》，引导各成员国消除法律政策限制，推动分享经济在欧盟的不断发展；英国决定打造一个分享经济的全球中心，并在政策上予以鼓励和支持……

我国也大力支持“分享经济”，2016 年政府工作报告提出了“促进分享经济发展”“支持分享经济发展”，体现了中央对“分享经济”的重视。《中国分享经济发展报告 2016》显示：2015 年中国分享经济市场规模约为 2 万亿元，提供服务者约 5000 万人，参与分享经济活动的总人数超过 5 亿……随着云计算、大数据、物联网、移动互联网技术等的迅猛发展，分享经济给大生产、大消费等原有的消费模式带来了巨大冲击，似乎有颠覆传统消费模式之势。

那么，究竟什么是分享经济？理解起来很容易，比如：出门时在网络平台上约车、有了闲置房或二手物品在 58 同城等网络平台上发布进行交易……这些都是分享经济的现实例子。由此可见，分享经济指的是个体间直接交换商品与服务的系统，涉及社会生活的各个方面。这些交换都能够通过网络实现，尤其是智能手机。

这种个体间直接交换的系统，不管在任何时间，都能够将世界各地数以亿计的人连接在一起。比如，经过几年的高速发展，网约车已经通过分享经济，从用户端、服务链条、商业价值端等对传统的打车服务、汽车租赁服务等进行了重新构建。从更大的范围来看，最近几年发展如潮的O2O行业，也是分享经济商业模式。这种崭新的模式，不仅运用新技术力量对资源进行了优化配置，减少了能源消耗，还默默地渗透到众多领域和细分市场。

分享，如果想成立，需要具备两个前提：供应过剩的经济；现代人对物质与认知的双倍盈余，需要与他人进行互动。此时，只要建立一个由第三方创建的市场平台，个体就可以在上面交换闲置物品、分享知识和经验，或者筹集资金。

移动互联网时代，分享经济成为大势所趋。分享经济符合创新、协调、绿色、开放、分享等发展理念，代表着一种绿色的生活方式，但要想融入全球分享经济热潮，还需要不断引导和规范，需要努力营造一个良好的生态氛围。

目录 Contents

第一章 分享经济概述：起源、发展、商业逻辑及趋势

分享经济：伴随经济发展和消费理念变革崛起的商业新生态 / 2

模式辨析：重构连接、整合碎片化供给和需求实现高效撮合 / 7

发展阶段：行业正处突破上升期，向消费领域全面渗透 / 11

机遇挑战：探索中不断迭代、优化和进步 / 16

第二章 深度解读：把握核心，真正读懂“分享经济”

分享经济及其特征与优势 / 20

如何理解使用而不占有、不使用即浪费 / 26

用事实告诉你什么叫分享消费经济模式 / 32

分享经济给未来生活带来的影响 / 41

美国分享经济发展对我国发展分享经济的启示 / 46

分享经济是情感经济的必然产物 / 50

分享经济给信用体系带来变革 / 52

第三章 无限空间：最赚钱的共享经济十大模式

共享出行：共享租车、共享驾乘、共享自行车、共享停车位 / 56
共享空间：共享住宿空间、共享宠物空间、共享办公场所空间 / 65
共享金融：P2P 网贷模式、众筹模式 / 71
共享医疗：预约医生 1 对 1 连接，线上医生诊疗服务 / 77
共享美食：解决吃饭做饭问题，营造文化交流平台 / 81
共享知识教育：将知识共享从线上引到线下 / 86
共享任务服务：帮助别人完成任务或提供各种服务 / 91
共享物品：物品共享、书籍共享、服装共享等多元形态 / 94

第四章 协同消费：实体经济应对分享经济的方式

出售使用权，而非产品 / 102
支持客户转售产品或服务 / 104
利用未用资源和能力 / 106
提供修理和维护服务 / 107
与协同消费结盟寻找新客户 / 109
发现基于分享经济的新型商业模式 / 111

第五章 消费升级：既是消费者，又是经营者

“互联网 +”时代的消费资本论 / 114
共享经济颠覆我们的商业模式 / 116

消费升级教会了消费者成长 / 118
消费升级时代，如何积极参与财富分配 / 121
合理消费，让家庭支出创造更大财富 / 124

第六章 消费即投资：消费资本论的正确解读

消费资本化理论的基本原理 / 130
消费资本化理论的重要意义 / 133
消费资本论在现实生活中的贡献 / 137
消费资本论在经济活动中的应用 / 139

第七章 案例解析：分享经济+消费经济的实践者

递灵客 OOD 商业思想 / 144
分享市场红利时代 / 146
从几个案例看中美两国的分享经济玩法有何不同 / 150
后　记：未来的巨大潜力——分享经济 / 156
参考资料 / 161

第一章　分享经济概述：起源、发展、商业逻辑及趋势

分享经济：伴随经济发展和消费理念变革崛起的商业新生态

分享经济，是近两年人们口中津津乐道的热门话题。从 Uber（中文译作“优步”）到滴滴打车，从 Airbnb(中文译作“空中食宿”)到小猪短租……所有的这些，高举的旗号都是分享经济。这些投资项目都取得了不俗的成绩：2015 年 Uber 融资 10 亿美元，估值超过 500 亿美元；2016 年 Airbnb 融资 10 亿美元，估值达 200 亿美元；同年小猪短租获得 6000 万美元的融资。

分享经济是经济发展和消费观念变革的产物，在这种新商业形态中，分享者既是供应方，也是需求方，通过优化资源配置，可以实现供求平衡。

一、分享经济发源于快速崛起的商业新生态

分享经济，又叫做协同消费，具体方式是：依托网络等第三方平台，将闲置资源使用权（资产或技能）进行暂时性转移，实现生产要素的社会化，提高存量资产的使用率，争取创造更大的价值，促进经济的可持续发展。

分享经济模式自诞生以来，究竟创造了多大的价值？可以借助以下几个数据所传递的信息片段，建立一个比较直观的认识：

1. **资金借贷领域**。2006 年 Laplanche 创办了 Lending Club，打造出一个全新的金融理财产品：个人债。

刚开始创立时，Lending Club 只为用户提供个人贷款，大多数贷款都用在再融资和偿还信用卡。个人贷有两年、三年和五年三种期限可供选择，贷款额度为 1000 ~ 35000 美金。2012 年时，Lending Club 员工虽然只有 80 人，但是日贷款额度却高达 150 万美金，2012 年底贷款总额度超过 10 亿美金，实现盈利。2014 年年初，Lenidng Club 正式进军企业贷款服务，贷款服务极大地刺激了应收增长。截至 2015 年年底，Lending Club 一共发放了 160 亿美元贷款。

其实，从本质上来说，Lending Club 就是一个人人贷的互联网平台，其自身并不需要承担任何违约风险，仅是通过交易佣金来赚钱，而且是两头赚钱。对于投资者，Lending Club 会收取 1% 的服务费；对借贷者，Lending Club 会在贷款发放时收取产品设立费，一般是 1% ~ 5%。

不论是从商业模式来看，还是从盈利模式来看，Lending Club 都是一个典型的互联网中介，其通过互联网的便利性消除了贷款和存款利率中的信息不对称性。

2. **酒店住宿领域**。成立 7 年的 Airbnb 已经拥有 2300 多万用户，每晚入住用户约为 42 万，高出全球连锁希尔顿酒店的日住户量 22%。虽然没有自有房产、床铺和浴室，但平台上已经为用户提供了 150 多万间可以用于交易的房屋，而希尔顿酒店只有 68 万间房源。

3. **交通出行领域**。2014 年 Uber 实现 1.4 亿乘坐频次，每日的乘坐频率为 16 万人次，美国旧金山每年的出租车市场规模约 1.4 亿美元。同时，Uber 在旧金山的业务收入高达 5 亿美元，是整个旧金山出租车市场的三倍，如今依然在以每天 200% 的速度增长。

分享经济企业在运营模式与成本结构方面的独特优势，比传统企业享受更多估值的溢价。数据显示：截至2015年初，分享型企业融资总规模共达到约160亿美元。以轻资产运营的分享经济型企业的估值溢价，充分显示了市场对其商业模式和发展前景的认可和支持。

二、分享经济的出现以产能和供给过剩为前提

分享经济的迅速崛起和发展不是偶然的，产能和供给过剩等社会经济背景是推动分享经济发展的重要前提。市场经济下，产能扩张与收缩的交替演化具备一定的周期性，众多行业都出现了产能过剩的问题，包括中国在内的发展中国家也从所谓的短缺经济开始向供给过剩的经济形态迈进。期间冗余或者过剩产能所形成的物质基础，为分享经济的发展提供了一个巨大的“产能供给池”。

以全球汽车行业为例。根据OICA（全球性的汽车制造商组织）提供的相关数据显示：2014年1 ~ 12月份，全球主要汽车制造商累计生产汽车8990万辆，同比增长3%。其中，客用车量产量多达8000多万辆，同比增长2.7%。对比全球客车的年产量和在用车数量，平均约50%的使用率表明，汽车产业的产能已大大超过实际使用需求。

三、传统商业模式的交易成本过高，分享经济悄然来临

在传统商业模式下，供需双方存在着巨大的交易成本，包括：组织臃肿，给沟通与协调带来了障碍；代理人成本高等，这些都有力推动了消费者和创业者寻找更低交易成本商业模式的可能性。

从传统商业模式的产业链来看，最终到达消费者手中的消费品，从最初的上游原材料为起点，便开始了商品价值增值与成本损耗增加的过程。除去供应商之间交易环节造成的各种耗费，就生产制造商来说，就要经历采购、仓储、研发、财务及行政管理、销售、渠道维护等各个环节，必然

会形成高额成本，还会因各种摩擦造成大量的隐形成本与损耗。

除了在整个生产过程中无形损耗造成的隐性成本，传统行业的营业成本费用的负担本来就非常重。数据显示，跟消费者生活有关的食、住、游和通信成本常年居高不下，电信业的成本费用率平均为85%，住宿业的平均成本费用率在则是最高的达98%。

极高的营业成本直接挤压了各行业的利润空间，企业必须努力寻求商业模式和交易方式的突破，摆脱现有模式的困局。而这个过程，从一定程度上来说，也是现有困局倒逼传统企业探索分享经济模式的结果。

四、移动互联网的普及为分享经济创造了条件

互联网、移动互联网的发展，让供需信息实现了实时、精准的高效匹配。同时，移动互联网还具有乐于分享的特性，使得信息能够实现充分流动。

技术的进步，首先体现在互联网用户规模的增长和互联网站的快速增加。据Internet Live StatS统计：如今全球互联网用户已经达到30亿，总的网站数量也逼近10亿个。快速增长的用户规模和产品供给，都可以让我们看到互联网时代技术进步带来的巨大飞跃。

同时，大数据和云计算的发展也为分享经济提供了技术支持。在信息数据快速增长的今天，大数据的应用开始以最快的增速创造价值。近年来，全球数据存储量呈现爆炸式增长，美国互联网数据中心指出：互联网上的数据每年增长50%，世界上90%的数据都是最近产生的。

五、从“所有权”到“使用权”消费观的转变引发分享经济出现

过去人们都将房子、车子的所有权看作是一种身份象征，在互联网思维的影响下，年轻人更愿意过一种“轻资产”的生活，更善于将自己的工

作和生活分解，更乐意将无法创造价值的部分剔除掉，将剩下的价值充分发挥出来。他们认为，成功的标志正在发生变化，有条件获得比真正拥有更重要，能够使用比拥有所有权性价比更高。

普华永道（世界上顶级的会计师事务所之一）的一份调查报告显示：在被调查的美国成年人中，81% 的美国成年人认为分享有着更为经济的做法，53% 的人认为取用是一种新的所有权形式，86% 的人认为分享经济大大降低了生活成本，83% 的人认为分享会让生活更加高效便捷。同时，分享经济还带来了社交性、趣味性，有助于人们生活质量的提升。

六、人口密度和受教育程度的增加提高了交易达成率

根据联合国的预测数据：预计 2050 年发展中国家和发达国家的城市化率会分别达到 64.1% 和 85.9%，人口增长和城市人口比重的增加让人的高密度集中，为分享资源和服务提供了更多的交易达成机会；日益扩大的收入差距及全球危机造成的高失业率，使人们可以同时从事多种工作，拓展收入来源。

从分享经济参与者的成分构成来看，年轻化、受高水平教育是分享型经济参与群体的主力军。数据显示：从分享经济参与者的年龄阶段来看，18 ~ 24 岁的人群约占劳动力总量的 37%，25 ~ 34 岁的人群占到 30%，即绝大部分参与者都在 45 岁以下；而美国劳动力占劳动力总量的分布，45 ~ 54 岁的劳动人数最多，主要年龄集中在 35 ~ 64 岁。由此可见，分享经济扩大了劳动就业的年龄范围。

模式辨析：重构连接、整合碎片化供给和需求实现高效撮合

分享经济的来临，不仅成就了各种商业模式，而且还伴随其迅速发展，带来了商业、技术和服务等的变革。通过互联网消费者不仅可以轻松找到自己需要的商品，而且还可以将自己闲置不用的资源分享给他人，从中获利。

创业之前，徐百姿就职于投行。几年前，她就在工作中接触到一些新兴的创业公司，有些就是“分享经济”类型的。由于这一行业最先在海外兴起，徐百姿做了大量的分析和调查。最终她发现，不同于房屋、汽车等领域，在当时的国内服装租赁业务还未有人涉足“分享经济”。

虽然国外的服饰租赁公司已经在当时已经发展了五六年，规模成熟，且出现了行业巨头。但徐百姿认为，在人口众多的中国，这一行业依然存在需求，而且潜力巨大。于是，2014 年底徐百姿在上海创立了女神派，解决很多女生的衣橱缺衣服现象。

创业初期，女神派的定位是宴会、婚礼、派对等场合礼服的租赁。正好赶上大学生毕业，某校毕业典礼女生需要租借礼服参加宴会，公司成功打响了第一炮。

与之类似，还有一家叫“哆啦衣梦”。

“哆啦衣梦”的定位非常亲民，以日常服饰租赁为主，定位偏中低端。创始人梁亮创业时就考虑到，国内礼服租赁的市场比较小，于是便决定从日常女装分享这个角度去创业。

此外，还有一家在线分享包包的应用——“抖包包”。

上架的包包大约有上百款，包括爱马仕、香奈儿等一线大牌。专柜价为3万多元的香奈儿羊皮单肩包，租金还不到2000元/月；售价3万多元的迪奥手提袋，租金还不到1000元/月。这样，就满足了达不到购买高价包能力的女性出席特定场合的配饰需要。

其实，商品分享的概念并不是最近才出现的。只不过，借助数字技术的发展，消费者利用互联网将分享经济带到了一个新高度。

如今，传统企业和消费者之间的界限正在不断弱化，人们逐渐放弃了传统的商品购买方式和服务，更多的是到互联网上寻找商品分享服务，这种方式更加方便、高效、价格低。

1. 未来的市场规模会出现大幅增长，市场容量超万亿

从市场规模来看，2014年全球范围内，分享经济中的5大主要行业，即P2P借贷和众筹、在线雇佣、住宿、租车、音乐和影视流动，其市场规模已经高达150亿美元，这一数字预计在2025年达到3350亿美元。采用分享经济模式的企业，一般都出现在2008年后，随着分享经济模式的快速发展，有些企业已经成长为资产数十亿美元级别的公司。2014年，分享经济的市场规模（五大主要行业）约为150亿美元，约占传统租赁行业市场规模的6.25%；预计2025年，分享经济的市场规模会达到3000多亿美元，与传统租赁行业的市场规模相当。

从用户规模方面，分享经济发展相对成熟的三个国家美国、英国和加拿大，参与分享经济的用户规模和占比为：截至 2014 年，美国、英国、加拿大参与分享经济的人数分别为1.2亿人、3300万人和1400万人；其中，英国参与分享经济的人数已经占据了总人数的一半，加拿大占了总人数的 41%，美国则是 39%。

2. 分享经济细分行业的增长速度远远超过传统租赁行业

从分享经济的细分市场来看，以分享模式为代表的行业，整体增长速度要远远高于传统租赁行业。有数据预测，分享经济行业与传统租赁经济行业在 2014 ~ 2025 年收入增长速度，传统租赁行业的最高增速只有 5%，分享经济模式收入最低增速就达到了 17%。

3. 分享经济是在“需求”或“供给”基础上形成的动态产业环

分享经济产业链是一个动态的生态圈，消费者既可以是生态圈中以供给为形式的外围组成，也可以随时转化成以需求为核心的中心，每个人或企业都可能成为产品和服务的供给者或需求方，整个交易市场具备无限的外延能力。

从形态上来说，分享型经济的产业链完全不同于传统产业：在传统产业的产业链或价值链中，最初的供给者到需求者的价值和信息传递是单向的，要想完成最后的交易，中间要经过多个中间商，交易的成本和效率都会因环节的繁赘与信息的不对称而出现折扣。

4. 分享经济模式侧重个体化、定制化，以社交网络为基础

对于产品或服务消费者来说，分享经济模式下的信息流通并不是一次性从商家到买家的过程，而是随着信息流的流动在两端间循环分享，将各类资源充分利用。从这个意义来说，分享消费是一种整体活动，更是一种探寻新型低碳电子商务模式的途径。更为重要的是，分享经济模式下的价值和信息流动是以社交方式进行，满足了新阶段消费者的诉求。

5. 重新对资源进行连接，努力实现交易双方的高效匹配

分享经济是一种 P2P 商业模式，具体流程是：厂商开发平台将服务及用户需求进行处理及打包；随后，发送给任务接受者，依靠在线网络产生的实时交互信息，跟线下终端链接起来，将现在信息汇总到平台再发送给任务接收者……简而言之，分享型经济的精髓在于否能彻底重构一种连接，将消费者碎片化的资产进行有效整合，配合消费者需求，在消费者感到安全和一致时，将实现价值释放出来。

对于能否创造颠覆性的用户体验，关键在于：

（1）并不是简单地对原有业务的体验进行改良或放大，而是革命性地发生变化。重构的入手点是当下消费者现实的痛点。在市场上，如果消费者对现状表示满意，所谓的体验重构就无法产生颠覆性效果。例如，Lyft 和 Fitmob 通过创造一种有趣的体验来触及一个日常痛点，用户只要按一下按键，就可以参与其中；消费者一个星期还可以多次使用；价格实惠，可以给消费者带来明显好处，这种良好性的体验重构正是传统业务所缺乏的。

（2）资源的利用能否重构商业价值。分享经济的实现，建立在时间的碎片化和资产的闲置基础上。通过分享经济模式，能否真正释放碎片化时间的价值，能否真正释放闲置资产价值，才是问题的关键，比如滴滴打车、Uber 等都很好地利用了这点。

（3）技术能否重构连接。基于技术层面的连接体现在：连接的方式、成本、连接本身等三个维度能否彻底重构。

（4）线下体验能否使消费者感到安全和线上的预期感受一致。虽然线上平台程序都经过精心设计，可以对用户产生巨大吸引力，但是线下服务体验却是因人而异无法掌控有着很大的影响力，消费者记住的服务体验远超过自己得到服务本身。

发展阶段：行业正处突破上升期，向消费领域全面渗透

分享经济是指利用互联网等现代信息技术，以使用权分享为主要特征，整合海量、分散化资源，满足多样化需求的经济活动总和。分享经济是信息时代发展到一定阶段后出现的新型经济形态，是整合类分散的资源、准确发现多样化需求、实现供需双方快速匹配的最优化资源配置方式，是信息时代发展趋势下强调以人为本和可持续发展、崇尚最佳体验与物尽其用的新的消费观和发展观。

自 2013 年以来，中国的分享经济进入快速成长时期，随着技术和商业模式的不断成熟、资金的大量进入与用户的广泛参与，有些领域的企业体量和影响力迅速扩大，出现了更多的本土化创新企业，有的企业甚至开始步入了全球化进程。

2016 年我国分享经济继续保持快速发展，对培育经济发展新动能、引领创新、带动就业等发挥了举足轻重的作用。分享经济竞争格局、行业热点、政策环境、平台治理等方面出现了一些重大变化，成为新常态下中国经济转型发展的突出亮点。

一、分享经济模式快速席卷每个细分行业

虽然分享经济行业发展的时间不算太长，但已经在极短的时间内快速

渗透到很多行业和细分市场，比如家装行业。而将分享经济思维引入家装行业，艾佳生活就是一个比较典型的案例。

艾佳生活没有与当下最热的互联网家装为敌，它通过BBC模式打造出了一个全新的互联网家居生态平台，把地产商、产品商、设计师、施工团队等有效结合在一起，创造了一个多方受益、无人受损的生态圈。

艾佳生活的商业模式和运营逻辑可以总结为如下几点：

（1）为了解决家装行业的多个痛点，艾佳生活打造的无人受损的生态圈，为家装上下游各产业链条，包括地产商、施工团队、家具商、设计师等提供了一个平台，鼓励他们相互竞争，最终将用户从辛劳的家装中解放出来。

（2）在获得客户环节，艾佳生活与各大房地产开发商开展合作，在楼盘进行样板间展示，为购房客户提供交房当天开火做饭的给人印象深刻的仪式感服务。

（3）在设计环节，艾佳生活进行大规模的设计版权交易，突出审美，发起了“喜舍杯·中国住宅设计总评榜”，客户选择了某个设计方案后，设计师就可以获得设计版权收益，一套设计多次交易，实现“设计版权IP化”，有效帮助了消费升级。

（4）在施工环节，艾佳生活与优质的家装服务商合作，来为客户提供服务。

（5）在软装和家具方面，艾佳生活与优质的品牌家具厂商合作，分享行业内一线家居品牌的优质产品。

总之，从最前端的获客、设计、施工（硬装）、软装、家具，艾佳生活围绕几大环节做了一个服务闭环，整合多方资源，重构产业链条，为多方创造了价值。数据显示，截至2017年6月30日，艾佳生活的合作签约金额已经达到34亿元，商业跨域至河南、江苏、北京、天津、云南、山西、海南等地；2017年的目标是100亿元，2018年的目标是300亿元，2020年的目标是千亿元。这些数据足以挑战我们的神经，但背后的逻辑是分享经济，有着巨大的想象空间。

二、从行业生命周期看市场细分所处阶段

从行业生命周期来看，市场细节阶段主要有：

阶段	说明
专营市场阶段	这一阶段的典型行业有：P2P借贷和众筹、在线雇佣等。笔者认为，之所以会出现于这些领域是因为，消费需求的分散性和非标准化对“一对一”的供需交易方式有萌芽性诉求，因此很容易最先涉足发生频次较高，但难以通过批量标准化服务满足的个性化消费需求，比如货币借贷和零星劳动交易等。
重大突破阶段	这一阶段的典型行业有：分享经济在以Airbnb为代表的P2P住宿领域和以Uber为代表的出行领域有了重大突破，实现了消费对象向使用频率高但在传统经营模式下需要重资产运营的细分市场。笔者认为，之所以会以爆发性的方式出现在这两个领域主要是因为：（1）及时填补且满足了直接关系着消费者住、行两大刚性需求中依然没有得到满足的细分市场的空白；（2）运营公司以技术为核心，是一种轻资产模式，与提供相同服务的传统重资产企业比较起来，不仅大大节省了成本，而且市场探索方向更主动、服务模式更灵活。
常态化和成熟期	这一阶段，消费对象已遍布各个领域，分享模式得到广泛复制，比如交易参与者，可以扩展到B2B；交易对象上，可以延伸到日常生活用品、办公用品等更加细致的领域；具备成熟技术和优秀管理能力的团队能够在第一时间抢占市场。笔者相信，在每个细分领域都会出现较为集中的竞争态势。

表1–1

三、分享经济下一波浪潮的成功要素

回顾 Uber 和 Airbnb 的成长路径，可以发现其高估值的背后，是对这种模式在全球跨区域实现快速扩张的认可。这种模式至少需要具备以下几个条件：一个可预期的全球化市场，文化差异和地域障碍并不会对跨区域扩张产生影响；有广泛的、有共同特征的需求；有可供整合和激活的产能或供应，而不需要做大量投资和建设；“轻资产公司”有快速扩张的商业模式等。

企业要想实现分享经济下一波浪潮的成功，应当重视下面几个要素：

1. 产品或服务的个性化程度

供给端提供的产品或服务按标准化程度从高至低大致可以分为三种：一是产品或服务的种类相对标准化，差异不大；二是产品或服务有一定的差异，要根据需求端的不同做适当调整；三是高度定制化的产品或服务。

2. 生产组织形式

生产组织形式主要包括：适应规模化供给的 B2C 模式、对产品消费个性化和场景化的 C2C 模式。

3. 模式复制和规模扩张的品牌影响力

具有轻资产属性的第三方平台最终能否在竞争中脱颖而出，关键在于，平台能否正确定位并坚持平台的使命以及如何充分利用顾客品牌认知的能力。Uber 提供的车辆信息、服务标准和安全抵达目的地；Airbnb 提供的房屋信息、服务标准、安全保障，它们之所以要这样做，都是为了让交易符合预期，建立起交易双方的信任和满意度；而且这些做法都可以通过消费方的评价打分机制来完善售后、巩固再次交易机制，并通过不断开发新业务来为消费者制造新体验。

4. 消费群体

消费者是绝大部分人群还是具有某些特征的细分人群，决定着面对市场的消费基数和体量。

5. 需求价格弹性

消费人群对该服务的需求是否为刚性需求，决定着消费市场的基数能否进一步巩固。

6. 客单价

客单价的高低是否具有价格弹性，跟消费频率、需求刚性、服务水准和实现方式有着密切的关系。

7. 消费频次

消费频率的高低，不仅受到消费者本身消费行为习惯的影响，而且还会被平台提供者通过引导、再教育，实现由低至高的转化。滴滴快车的主打出行领域，面对的是较大范围的全部消费者；而且，在这之前，出行打的行为虽然只是一种消费者在交通高峰或紧急时期的采用行为，但滴滴快车的补贴行为培养了消费者的消费习惯，让出行打车的频率逐渐上升，并慢慢转化为刚性需求；同时，以优惠低价位为主的多层次客单价还在一定程度上巩固了消费人群的基数，通过使消费端四个维度——重点顾客、原始资源、持续积累和阶段成果的高度配合，实现了平台交易规模的不断扩张。

上面这些因素共同决定了分享经济能否实现规模扩张。

机遇挑战：探索中不断迭代、优化和进步

在成长的过程中，任何一种新生事物都会遇到问题，分享经济也不例外。对于中国来说，分享经济的发展还会遇到一些特殊的矛盾和问题。

从商业模式或涉及的领域看，中国早期绝大多数分享经济平台模仿的都是国外平台。但是，分享经济平台要想实现成功，并不能简单地依赖照搬照抄，需要在模仿的基础上进行本土化创新。分享经济的出现，对企业的发展既是机会，也是挑战，需要不断在探索中迭代、优化和进步。

一、行业初期面临多方面挑战

行业发展初期，都会遭遇各方面的挑战：

1. 前期资金投入巨大

为了创造“供需未知”的市场平台，在前期需要投入巨大的资金。分享经济企业初期发展的关键在线下体验，对于大多数平台来说，都要补贴最佳的供应商，让他们放弃目前的机会，同时解决掉“先有鸡还是先有蛋”的问题。消费者的需求不可预测，企业必须从支付供应商使用某种“平台”开始实现自己的价值。

2. 交易诚信安全是软肋

该模式的软肋是如何保证诚信和安全，保证交易者的权益，更是创业者需要重点解决的难题。

3. 法律监管障碍需要跨越

分享型经济面临的最大挑战之一就是法律的监管，这些法律监管的效果使风险不是明显减缓，就是完全不允许出现新的服务形式。目前，监管架构面向的都是专业、规模化的企业，没有考虑到消费者会在自己的业余时间成为供应商，更不会想到使用公共资产来提供这些服务。

4. 模式跨区域复制有壁垒

业务模式虽然容易被其他企业复制，但要想进行跨地区的市场再造，也不是一件容易的事情，比如 Uber 等企业的壮大，为了得到飞速前进的本地化业务，就需要有针对性的种子市场，但需要花费巨大的跨地区转移成本。前期，虽然参与方的门槛低是一大特色，但后期的分化则要依靠于高质量的人才积累。这些企业需要的不仅仅是技术，而且还有更广泛的专业知识，需要当地的销售、物流、市场专家和监督管理者。

5. 现阶段盈利空间小，收益对价格敏感

举个例子：Lyft 对司机服务价格微小的变化趋势非常敏感。为了保证与主要竞争对手 Uber 在价格战中获胜，公司在很多城市的收费都降低了 30%。为了补偿司机，Lyft 暂停向司机征收 20% 的佣金，而当时公司拥有六万多名司机。因此，如何拓展新的盈利空间、提高企业对于市场的议价能力，成为分享型企业能否在盈利收益方面走得长远的关键。

二、努力寻求突破

Uber 成立 5 年，估值就超过 500 亿美元，虽然没有汽车，却是全球最大的出租车公司；Airbnb 成立 7 年，估值达到 255 亿美元，虽然没有房产，却是全球最大的住宿服务提供商，分列全球估值第一和第三的创业公司。

这些公司坚持“分享精神”，其崛起标志着“分享经济”商业新生态正悄然来临。分享经济出现的基础是互联网平台，基于闲置资源使用权的精准匹配与联结，不仅实现了生产要素的社会化，而且提高了存量资产的使用效率，还大力促进了社会整体的可持续发展。

第二章　深度解读：把握核心，真正读懂“分享经济”

分享经济及其特征与优势

一、分享经济的定义

所谓分享经济指的是，将社会海量、分散、闲置的资源，进行平台化、协同化的集聚和复用，实现供需的匹配，实现经济与社会价值的创新。

分享经济强调的两个核心理念是："使用而不占有"和"不使用即浪费"，具体来说就是：

理念	说明
分享标的物	分享的主要对象是闲置资源，包括：闲置物品、碎片时间、认知盈余和资金盈余、闲置空间与公共服务。其范围广泛、数量庞大，多数都来自未被整合协同的个人资源或信息不对称的沉没资源。
实现方式	分享经济依托互联网、ICT（信息通信技术）、云计算、大数据等，构建平台，形成了规模与协同效用，成本更低，效率更高，有利于实现经济剩余资源智能化的供需匹配。
实现结果	分享经济平台能够让前述闲置资源，实现经济价值与社会价值的创新。过去很多资源都没有进入到价值创造的体系，而分享经济可以在可持续发展、生态、就业、协作、文化等方面产生积极的影响。

表2-1

当然，关于分享经济还有其他一些定义，比如有人认为，分享经济包括不同人或组织之间对生产资料、产品、分销渠道、处于交易或消费过程中的商品和服务的分享。此系统有多种存在形态，需要将信息技术赋予个人、法人、非营利性组织，实现冗余物品或服务的分享、分配和再使用。一旦物品信息被分享，就会极大地提高该物品对个人或组织的商业价值。

仔细分析这些定义就可以发现，便利参与感和信任是分享经济发展的主要原因；其本质就是以租代买，将资源的支配权和使用权分离。也就是说，所谓分享经济是指，个人、组织或企业通过社会化平台分享闲置实物资源或认知盈余，用低于专业组织的边际成本提供服务，获得收入。本质上是，以租代买，让资源的支配权与使用权产生分离。

二、分享经济的来由

提到分享经济，不得不提到雇员股份制。雇员股份制最早出现在美国，具体实践可以追溯到18世纪末。当时，被誉为职工持股之父的阿伯特·格来丁（Albert Gallatin）主张：民主不能仅限制在政治领域，应当扩展到经济生活中。20世纪20年代，美国曾爆发过所谓“新资本主义”的员工所有制运动，这一运动很快就被淹没在20世纪30年代发生的经济大萧条中。

1958年在《资本家宣言》中，美国经济学家把雇员股份制称之为“民主的资本主义”，提出了“双因素经济论”：生产要素只有两种，一个是资本，另一个是劳动，财富是由这两个基本因素共同创造的。在正常的社会经济运行中，人们不仅能够通过自己的劳动获得收入，而且必须通过资本获得收入。由此，美国人希望能创造一种法律体系，让人们都可能获得劳动和资本这双重收入——劳动者应该通过持有股权、拥有一定的生产性资源参与企业剩余的分享。

20世纪70年代，资本主义社会陷入“滞胀”。为了寻求解决这一问题的途径，1984年美国经济学教授马丁·魏茨曼出版了《分享经济：用分享制代替工资制》一书。他认为：从本质上看，当时的主要经济问题并不是宏观的，而是微观的行为、制度和政策等问题。“停滞”之所以会出现膨胀，根本原因并不是生产，而是分配，在于资本主义现存工资制度的不合理。

此后，在双因素经济理论和分享经济理论影响下，发达资本主义国家的雇员股份制得到快速发展，并成为一种普遍现象。

三、分享经济的特征

分享经济是信息技术发展到一定阶段后出现的一种新型经济形态，互联网（尤其是移动互联网）、宽带、云计算、大数据、物联网、移动支付、LBS（基于位置的服务）等现代信息技术的快速发展，让分享经济成为可能。

从分享经济发展的内在需要来看，闲置资源是前提，用户体验是核心，信任是基础，安全是保障，大众参与是条件，信息技术是支撑，资源利用效率最大化是目标。由此，就可以得到分享经济的六大核心特征：

1. 技术特征

分享经济的建立，以互联网平台为基础。互联网尤其是智能终端的迅速普及，让众多的供给方与需求方迅速建立联系。互联网平台不会直接提供产品或服务，而是将参与者连接起来，为他们提供即时、便捷、高效的技术支持、信息服务和信用保障。离开互联网，现代意义上的分享经济也就成了无源之水，无本之木。

2. 主体特征

分享经济的主体参与者是大众，众多的供方和需方参与是分享经济发展的前提条件。互联网平台具备一定的开放性，普通个体只要拥有一定的资源和一技之长，就可以便捷地参与到分享经济中。同时，分享经济属于典型的双边市场，即供需双方通过平台进行交易，一方参与者越多，另一方得到的收益就越大，两个群体相互吸引、相互促进，使网络效应得到进一步放大。在分享经济中，参与者既是生产者又是消费者，个体潜能与价值得到。最大程度的发挥。

3. 客体特征

分享经济实现的是资源要素的快速流动与高效配置。现实世界的资源有限，但依然存在闲置与浪费现象，比如空闲的车座、房间、设备等。分享经济就是要将这些海量的、分散的资源通过网络整合起来，合理利用，发挥出最大效用，满足人们日益增长的多样化需求。

4. 行为特征

分享经济实现了权属关系的新变化，主要通过所有权与使用权的分离，采用以租代买、以租代售等方式让渡产品或服务的部分使用权，实现资源利用率的最大化。从实践发展的角度来看，分享经济已经渗透到更多的领域，比如股权众筹等业态的出现就已经涉及所有权的分享。

5. 效果特征

采用分享经济，用户体验最佳。在信息技术的作用下，分享经济在很大程度上降低了交易成本，交易方式更加快速、便捷、低成本、多样化，可以满足消费者的个性化需求。用户评价能得到及时、公开、透明的反馈，会直接影响到其他消费者的选择，会推动平台与供给方的服务改进，在最大程度上提升用户体验。

6. 文化特征

分享经济是“不求拥有，但求所用”，不仅满足了人性中固有的社会化交往、分享和自我实现等需求，也顺应了当代，人类环保意识的觉醒。

四、分享经济的优势

分享经济平台具有很多优势，主要表现在以下几个方面：

1. 极大提高资源的利用效率

数据显示，每年被美国居民扔掉的衣物、纺织品和鞋子多达260亿磅，而只有15%得到了重新利用，剩下的大多都被投进垃圾填埋场。虽然如今人们的环保理念日益增强，但由于缺少有效的再利用手段和分享平台，也只能任由这类浪费现象愈演愈烈。

分享经济提倡的分享理念，可以节约资源、减少浪费，这也是分享经济能够快速发展的重要原因。根据MIT（麻省理工学院）的研究显示：一辆“分享”汽车可以发挥大约4～10辆私家车的效用；同时，通过拼车服务，还能减少55%的交通拥堵。2015年初Airbnb采用盘活存量住房的方式，拥有100多万间房，虽然没有投入巨资，但是依然将上百万的闲置房间投放到了市场且被有效利用。

2. 加快资源的有效配置速度

分享经济以大数据为依托、以移动网络终端为平台、以人工智能为手段对资源进行合理分配，效率远高于通过人工、经验进行的配置方式，是一种更有效的生产力模式，比如打车服务。虽然在我们身边来来往往的出租车很多，但很多人都无法在短时间内打到车；使用“分享”汽车服务，从办公室下楼的短暂时间，只要掏出手机，就可以准确地将出租车叫来，其效率是传统方式所无法企及的。

3. 大幅降低配置资源的成本

信息技术能够大幅降低租赁市场中的信息不对称，使分享平台低廉、有效地满足用户需求。对于需求方来说，不仅可以节约以租赁代替购买的费用，还能随着参与人数增多而降低交易成本。例如在美国旧金山的某个时期内，Uber车辆比出租车更便宜，其价格甚至跟地铁一样低。

商业机构追求标准化的服务，而分享经济平台中的个体服务者却可以提供更个性和多元化的商品和服务，极大地丰富了可供配置的资源种类。在分享经济服务中，服务提供者不是商业组织的雇员，不用受限于商业组织，可以在服务中树立起自我品牌，比如具有糕点烘焙特长的人，完全可以依托现有平台，将风味独特的食品推广出去，通过周边人群逐步向整个网络扩展。

五、分享经济的劣势

分享经济虽然有优势，但也有劣势，主要体现在：

1. 市场的冷启动。

传统经济只要寻找需求方即可，而分享经济需要同时找到供方和需方，且双方互为条件、互相促进、互相制约。面对冷启动，分享型经济企业不仅可以采用传统的市场推广手段，还能够同时为供方和需方提供补贴，创造市场。

2. 规范与约束供方行为较困难。

供方不是企业的自有资源，而是外包的社会资源，且多数情况下是分散的个体，无法推进统一的规范。

如何理解使用而不占有、不使用即浪费

分享经济强调的核心理念就是“使用而不占有”和“不使用即浪费”。举个例子：农忙时，甲的牛上午犁地、下午不耕，而乙没牛，借甲家的牛犁地，这里乙借用甲的牛去犁地就是一种分享，如果给钱就是经济。可见，分享经济其实就是将物品的使用权和所有权分离，可以多次使用，但不占用的经济模式。

私有经济的出现，加剧了人类社会的不平等，让地球环境迅速恶化。面对这些问题，很多人都在追问：私有制是否是市场经济所必需的？《孟子·梁惠王下》有言：“独乐乐，与人乐乐，孰乐乎？”也许，个人自由的扩展和快乐的实现不一定需要“私人占有”，很多时候“分享”却能给人们带来更多的快乐。“分享经济”正是在这种思路下产生的。

Uber是私家车搭乘分享的鼻祖，2009年3月Uber在美国加州旧金山成立，2010年6月正式上线，公司的使命是“人人随处可用像自来水一样可靠的交通”。Uber成立至今已完成多轮融资，累计达28亿美元。如今Uber的服务已经覆盖全球200多个城市，估值高达410亿美元。在这一平台上，车辆和用户越来越多，影响力也越来也大。相信，随着Uber在拼车（Uber Pool）、无人驾驶等领域的探索，其影响力必然会进一步扩大。它是如何进行“分享”的呢？

1. 产品策略与核心竞争力。Uber 成立以来，逐渐丰富了自己的产品系列，从最初的 Uber，到高端的 Uber Black、Uber SUV、Uber Luxury 等，以及低端的 Uber X、拼车服务 UberPool。其他产品还包括：叫船服务 Uber Boat、打飞机服务 Uber Chopper 等。Uber 的核心竞争力是后端路由算法，包括：需求预测、拥塞预测、供应匹配、智能调度、动态定价等。其调度能力可以大大降低出租车服务存在的冗余，提高资源的利用率，极大地降低了司机的空载率。

2.Uber 的司机基本可以分为 4 类。在 Uber 平台上，开车的司机大致可以分为四类：

专职司机——占比 18%，是高端租车平台 Uber BLACK 上的司机。在工作时长超过 6 个月的司机中，他们的比例最高。

转型司机——占比 18%，由以前开出租车或者开“黑车”的司机组成，在 Uber 平台上的活跃时间不到 6 个月。

新加入的司机——占比 12%，是新加入者，使用 UberX 平台，通过 Uber 获得稳定的收入，因为其它渠道的收入可能不太稳定。

兼职司机——占比 52%，占到 UberX 平台上的多数，主要为了寻求更灵活的收入途径。这部分司机中 75% 在 Uber 之外还有其它工作。

3. 应对监管与安全问题。考虑到安全因素、既得利益和便于监管等环节，Uber 提出了一些措施，包括对司机背景进行更严格的调查评估；让 Uber 司机作为数据采集员，开展城市安全数据采集与评估；设置一键报警按钮；允许乘客把自己的乘车路线信息通知亲朋好友等。

近年来，在传统市场经济的基础上，产生了一些基于“共有产权”的经济形态，主要包括：对居所、汽车、自行车、知识、衣物、课本等东西的分享和共有。

“分享经济”的基本理念是：使用而不占有，不使用即浪费。这种经济形式通常是，通过互联网将大量的闲置物品信息整合到一起，准确地提供给需求者。从一定意义上来说，“短租”“民宿”“顺风车”等对居所和机动车的分享都包含着这一理念。2016年底流行的“分享单车”，其名称就直接反映了分享经济的内涵。

其实，在不借助互联网技术的情况下，一些传统模式也包含了分享经济的内涵，比如同所学校的学生对课本的循环利用、慈善机构组织对旧衣物的循环利用等。“分享经济”使大量被私人占有的闲置资源，以低价提供给真正需要的人。占有者不需要，而需要者不占有，这就是分享经济要解决的矛盾。

移动互联网时代，各种信息都能迅速而准确地传播开，人们之间可以进行更大范围、更深程度的“分享”。借助于“分享经济”，朝九晚五的上班族既不用买车，也不用为抢车位而烦恼，同样可以天天坐着“顺风车”或“专车”去上班；条件一般的家庭即使不在海南三亚购买海景房，也可以通过“短租”的方式在碧海蓝天下度过愉快的假期；在城市漫步时，为了加快速度可以借助“分享单车”代步；借助“民宿”，人们完全可以在世界各地旅游，体验到世界各地的风土人情；在金融领域，人们还可以通过“众筹”来实现自己的现财计划和愿望。

“分享经济”的出现，不仅大大减少了资源的浪费，还扩展了人们的经验和快乐。更重要的是，分享经济还为人们提供了一种并非通过占有而达成愿望、实现自由的途径。也就是说，要想实现个人的计划和心愿，不一定要占有必须占有的东西，只需付出较少的代价与别人“共同占有”某些东西即可。

如此，不仅可以降低人们实现各种计划的成本、扩展了人们的自由，而且也会让穷富之间的差别不再像过去那么巨大。在“分享经济”中，穷富的差别仅限于“占有”与“不占有”，而不在于拥有的多少。因为，即使不“占有”，也能以较小的成本满足生活需要，甚至实现自己的人生理想。

一、平台对现有资源进行切分

在过去，房东如果想出租房屋，需要花费大量的时间和心力，还面临信任、安全等风险，因此大多数房东都会选择长租形式，甚至在支付方式上也出现了长租的趋势，比如付三压一、付六押一、付一年压一等。如果房屋仅仅闲置短期时间，房东通常不踏入租房市场。但就整个城市实际情况来看，每天晚上都有大量的空置、闲置房屋，这些房屋的主人由于出差或者旅行等原因，不得不将房子短期闲置。

随着分享经济概念逐渐深入人心，随着互联网使人们的沟通更为顺畅，交易平台使信息更标准化，更真实可信时，过去这种闲置房屋就能被分享、被交易，创造出更大的价值。

在房屋分享的商业模式中，互联网、移动通信、数码图片、平台的流程交易等极大降低了房屋流转的成本和风险。这个过程，实现的是对房屋资源的准确切分，可以将房屋的出租落实到以“天”为单位，比如小猪短租在创业初期，创始人甚至曾经还怀疑过传统的中国人是否愿意让客人住进自己的房屋，但是随着市场的推进，他才发现阻挡短租分享的并不是传统习俗或习惯，而是信任、风险、沟通成本等难题。只有解决这些问题，业务量才有可有大大提升。

同样，分享经济的资源切分概念还适用于出行领域。过去信息交流不畅，闲置时间里大部分出租车辆司机都不知道哪里有订单，结果一个小时的用车需求被放大成半天、一天的整租，但专车平台的出现，盘活了闲置的租车资源。租车的最短时间由“天”变为“分钟”，可以做到随叫随到。

平台的出现，让配对过程变得实时而迅速；同时，平台聚集了大量用户，使行业实现了规模效应，产生了良性循环。

二、平台调动供给，实现多元化

当资源可以被切分时，资源自然也就会呈现出更加丰富多元的状态。当房屋可以以“天”为单位进行出租时，各类房东都愿意加入，因此各类房源也会呈现其中。在分享经济的鼻祖 Airbnb 平台上，既可以找到住进森林的树屋、充满摇滚风味的大篷车，也能够找到知名作家的故居，甚至一艘已经退休的老船。除了这些富有特色的房源，客户还可能住进视野极其开阔的海景房、极具城市特色的老建筑或享受奢华的大别墅。无论客户追求的房源品质是“奇”还是“好”，总能找到称心如意的。

在分享经济的各种平台上，通常都聚集着数量众多的群体，有的扮演需求方的角色，有的扮演供应方的角色，形成的规模效应和为对方提供了丰富的选项。在传统的垂直模式下，即使企业的生产和销售能力再强，也只能提供有限的产品，但是在平台模式下，平台的生产、销售、供给等能力是由参与者决定。平台的规模越大、平台上的参与者越多，平台上产生的服务和商品也就越丰富、数量也会越多，就会聚集起更多想要得到多元产品或服务的参与者，从而刺激行业创新思维的出现，让多样性和个性化想法都得到极大延展。

三、帮助“人”的分享，扩大个人力量

分享经济对我们的影响，不仅在于“用”什么，还在于“是”什么。分享经济的背后，反映的是思想、文化的潮流，未来我们的工作可能变得更自由，个人的力量会被逐渐放大。即使撇开分享经济的概念，当个人主义、自我实现的思潮在中国越来越流行时，社会也会越来越尊重个人价

值，关注个人的感受和内心。而在技术方面，各种硬件设备、软件应用等新兴技术实现了自动化和智能化，让个人有更大的可能突破空间、时间、速度等的限制。

顺应这样的潮流，商业模式中也萌发了“放大个人力量”的特征。早在分布式计算、微博、微信、自媒体的出现，到如今 P2P、众筹、猪八戒、个人威客等行这些都引入了个人能力，产生了巨大突破。而分享经济则让“放大个人力量”得到充分展现。

未来公司的组织结构很可能会被打破，每个人都可能成为单独的行动体来参与工作。当有订单与回报时，个人就会参与其中，发挥作用并获得收益；一旦项目完成，个人就会转到下一个有收益的项目中。工作的完成不再依赖既定的公司疆界或组织结构，更关注个人的自主，按单聚散。人们就像一个个积木块，可以随时移动到有需要的地方，个人不用固守在同一个组织内部。跟公司形体比较起来，个人的自主发挥显得更加重要。公司的任务是整合资源，连接供需，为人们提供一个发挥自我的平台。

如此就能构想出一种组织人才运用的思路，即“大公司平台上的小团队”：让组织内的人才更流动，不把人固定在具体的职位或上下层关系上，而是根据人的能力和特长灵活运用，根据具体的需要把人才进行合理组合，实现即时目标。

将来，个人必然会成为一个品牌，而平台则会让这种关于人的品牌运作成为可能。如果这种动作配置方便，流动迅速，个人就可以随时与其他资源组合，就能够完成工作、获得报酬。

用事实告诉你什么叫分享消费经济模式

"互联网 +"时代，随着移动终端、物联网和云计算的快速发展，以分享、分享行为为基本特征的新经济模式得以快速迅速流行，这就是分享经济。最近几年，分享经济模式正从交通出行和住宿行业等延伸到其他领域，广泛渗入到各类行业，大大推动了产业创新与转型升级。这里，所谓的创新和升级不仅是产品，而且还有个人身份和生活方式的不断升级。

一、分享经济是一种新的发展趋势

分享经济，是对社会资源的高效利用，可以将供需双方实现有效链接，提升企业竞争力，解决产能过剩的问题。一旦将社会闲散资源有效整合在一起并加以利用，财富最大化必然会实现。

摆摆书架是一个社会化网络图书馆，贷借此平台，不仅能将自己手中闲置不用的图书借阅给别人，而且能浏览并借阅别人所捐赠的图书。

"捐赠"的过程很简单：只要点击"捐书"输入书本 ISBN 编号即可。到时，书的主要内容（如简介等）会自动导入到系统中。此时，你就可以在自己的主页中看到，捐赠的这本书已经被分配到"可借的"状态栏中。如果有网友在浏览书架时看到这本书，或者你发现有网友想借这本书，就可以直接借给他们。

当然，自己光捐赠不行，还要借阅。到“书架”栏目看一看，浏览一下其他网友捐赠的图书，遇到自己感兴趣的，就可以直接借阅，算是“平等交换”。另外，借阅与捐赠的同时，还可以去“小组”交流分享彼此的阅读心得，享受互相分享的快乐。

在摆摆书架出现在人们的视野中，之后网络红人“和菜头”对其进行了大力宣传，影响逐渐扩大。

就模式来看，摆摆书架采取的运营方式是：会员自愿捐书与相互借书、书籍的快递费由出借方自愿支付。也就是说，用户捐出的书越多，获得的积分就越多，能借到的书也就越多。对摆摆书架来说，确实完全可以得到一个双赢的结果。

摆摆书架是豆瓣图书的一个更细分化领域的尝试，不仅注重更多交互功能基础上，还将网友之间的细分化需求挖到了极致。当然，这只是一种理想化尝试，毕竟在网友互相捐赠、借阅图书过程中的各种费用等现实问题也可能让摆摆书架的发展遇到困境。

二、分享经济的主要模式

随着互联网的不断发展，分享经济也是百花齐放，采用多种模式进行分享。目前，分享经济采用的模式主要有：有偿分享、对等分享、劳务分享、众筹分享等。

方式	说明
有偿分享	有偿分享是目前发展最快最普通的一种模式，其具体方式是：将剩余或暂时不用的物品让渡给别人分享，收取租金。最好不要续表，例如：将闲置不用的房屋信息放在网上发布，供不想入住酒店的租客在网上查找住宿信息；一旦租赁双方达成一致，租客就可以在线付费，随后实地入住。
对等分享	具体方式是：双方互相交换使用财产，不向对方支付报酬。比如：在国内推动的城乡儿童手拉手体验成长快乐活动，就是一种典型的对等分享模式。
劳务分享	在现在社会中，到处都是碎片化、闲置与没有充分利用的劳务资源。采用分享模式，人不仅可以将自己多余的产品销售出去，而且还可以出售自己的时间，比如承接遛狗、收取干洗衣物、组装家具以及养老服务等杂活，就是劳务分享经济。
众筹分享	所谓众筹分享就是，利用互联网平台进行众筹。现代众筹筹资目标也包含分享投资对象，不纯粹只是为了筹集资金。

表2–2

分享经济，将社会海量、分散、闲置资源，平台化、协同化地集聚在一起，得以复用与供需匹配。随着分享经济的发展，如今已经覆盖出行、短租 / 长租、金融等多种行业。艾家公社互联网商城就是在分享经济下产生的，它是一个专注免费购物的 B2C 模式的网上商城，采用消费循环生态模式，越消费越赚钱，不仅可以维护商家的利益，而且还能保障产品质量。其实，艾家公社的消费循环生态系统就是一种分享经济模式。

三、分享经济改变了每个消费者

近几年来，分享经济浪潮席卷商业经济的各个角落，与消费者生活相关的各个方面似乎都被分享经济的理念和行为所改造，消费者的心理和行为都已发生剧变。甚至可以说，分享经济重塑了一种商业模式，重塑了消费者与消费者、消费者与商家之间的关系。那么，分享经济到底对消费者产生了怎样的影响呢?

1. 价值观的改变

分享经济的快速发展颠覆了消费者传统的所有权价值观，与使用权比较起来，所有权显得不再重要。过去，消费者都习惯于拥有商品，可是拥有并不是最终目的，而是满足自身需求。由于各种条件和观念的局限，在过去只有拥有某款商品，才能享用到所有权。当分享成为一种新的生活、生产和消费方式时，使用将代替占有，消费者将变成使用者或分享者。

未来是需求驱动的经济，当消费者对某个商品有需求时，就能直接使用它；而其余时间，却不一定拥有它。这就是使用权比所有权更重要的原因，也是分享经济得以盛行的基础。

随着信息技术的快速发展，信任环境和条件必然会越来越完善，再加上新崛起的新一代 90 后、00 后消费群体，对所有权的渴望淡漠了很多，为分享经济模式中使用权比所有权更重要提供了更好的客观基础。不过需要注意的是，分享经济的核心不是免费，而是不需要拥有。

2. 消费角色的改变

分享经济颠覆了企业所有与个人消费的产业模式，使每个人都可以同时成为消费者和生产者，即生产消费者，消费者从被动消费阶段进入主动产销阶段。伴随着商业进入移动电商 3.0 时代，分享经济得以快速发展，原来消费者被动接受和选择商家提供商品及信息的模式完全被打破，消费者既是信息接受者，也是信息生产者和发布者。

生产消费者通过互联网或移动互联网，以接近于零的边际成本分享各类信息，消费者能够更容易且随时随地和其他消费者沟通，了解更全面的企业信用和产品评价。

从一定意义上来说，消费者比商家更了解商家的产品或者服务。如今市场进入消费主权时代，消费者决定者与哪个商家在何时、何地以及何种方式进行连接与交易。在分享经济中消费者拥有更大的主动权和控制权，市场交易更透明，传统交易活动带来的波动性、不确定性和模糊性被消除，消费者能够更加能动地主导交易。

3. 消费过程的改变

分享经济的发展简化了消费者的消费过程——即产生动机、寻找、选择、购买（下单、支付、提货）和使用五个阶段。其中，最费精力和时间的是寻找和选择阶段。尤其是在信用体系不健全和信息不对称的环境下，要想找到商品并做出购买选择是困难的。

分享经济发展的重要前提是信用体系的完善，没有信用，陌生人之间很难达成交易；借助云计算和大数据，在各参与者作为互联网节点无限次重复博弈的交易环境下，珍视并提高自己的信用成为交易双方明智理性的选择。借助后台大数据完善的信用纪录，不仅可以大大增强市场自身的信用约束，还能进一步降低消费者在消费过程中的信息不对称，降低其搜寻、谈判、监督等方面的交易成本，使消费过程中的各个阶段风险大大降低，尤其是最耗费精力的寻找和选择阶段。如此，就能让购物过程变得简化和便捷，最终形成低交易成本的新商业模式，消费者也会更加适应和喜欢购物过程并形成习惯。

4. 消费者消费价值的改变

分享经济的发展既增加了经济意义上的消费者剩余价值，又增加了消费者体验和情感上的价值，用使用权代替所有权，对传统商业中以买为主的模式颠覆性影响。

首先，消费者不必再为满足使用需求而去购买商品，只要支付少量租赁成本即可，支付费用要低很多。也就是说，消费者的实际支付的要小于原本愿意支付的费用，在愿意支付的最高价格保持不变的情况下，二者就形成了经济学中所讲的“消费者剩余”价值。

其次，在分享经济的消费模式中，市场将从“大众市场”，进入“人人市场”，大众化和标准化的产品与服务将逐步让位于消费者场景化和个性化的体验。分享经济虽然没有创造出新产品和新技能，但通过时间、知识、产品的连接、匹配、组合与利用，消费者就能从中找到更多的个性化体验，重新回到了准熟人社会，获得某种意义的情感价值。

共享经济鼻祖罗宾·蔡斯曾说，“在分享经济时代，所有资产都是开放的，所有人是连接在一起的，每个消费者都能集合最优秀的产品、资源、数据和平台，完成和满足自己的个性化需求，这是工业化标准产品所无法满足的。”这种模式下，消费者就能获得更好的体验价值和福利。

一句话解读，带你轻松理解大数据与分享经济

大数据和分享经济是一对孪生兄弟，分享经济快速地向传统各个行业渗透融合，其发展同样离不开大数据的有力支撑。大数据是推动分享经济向前发展的核心推动力，那么，究竟什么是大数据，什么是分享经济？其实，对这个名词的理解，完全可以总结成几句话。只要将这几句话理解了，也就对这两个概念有了基本认识。

一句话①：车子、房子、时间、人脉等都能分享

一天下班时，小李和同事打了个优步。上车之后，他们跟司机开始聊天。司机问小李，“你们知道为什么要开Uber吧：”小李答，不知道。结果，司机给出一个令人感到意外的答案，“我只在阿里巴巴门口接单，租车的通常都是阿里高管，可以借机认识他们，甚至还可以成为朋友，你到

哪里能找到这样的机会？”

小李终于明白，甲分享乙的车，乙分享甲的思想，这就是分享经济。

一句话②：羊毛可以出在马身上

2016年杭州图书馆推出了一款APP“悦读”。

一进门，就可以看到醒目的易拉宝，上面堂而皇之地写着两个大字“悦读”，二维码、扫码步骤一目了然，只要扫码下载“悦读”APP就可以自由借书。新华书店设计人性化，还专门在服务台旁张贴公告，公开书店的WIFI密码。

连上WIFI后，下载速度还挺快，APP几分钟就下载完了。如果是因为手机型号原因，有些悦读APP不能使用，可以去“设置”菜单下的“通用”选项里，在“设备管理”一栏选择信任之后就能使用。下载之后，进入新华书店实体店，随便拿起一本书一扫，就能知道图书馆有没有书。如果有，有多少本，馆藏量足不足等信息都可以一清二楚。等信息喜欢某本书，直接到收银台登记，不用付钱，就可以带回家，图书馆会帮用户付钱。

一句话③：分享经济产生于供需的完全数据化

下班后，天空突降小雨，没带雨伞，正好公司附近的超市就有，能不能分享？在未来的某一天，还真可能在雨天跟他人分享雨伞。为什么？在未来生活中会出现各种各样的传感器，硬件价格急速下降，每个抽屉里都有传感器，有一个抽屉就是专门为雨伞设置的。一旦内容全部数据化，就可以知道下雨天这幢大楼里究竟需要多少雨伞。

一句话④：3D 打印 + 大数据 + 分享经济 = 分享制造

如今 3D 打印的应用越来越广泛，小到心脏瓣膜，大到飞机配件，能打印的东西越来越多。工业制造虽然无法满足人们的全部需求，但 3D 打印机的出现，则给人们带来了个性化生产。比如想要生产一双自己想要的鞋子，只要找到一个数据包之后做个修改，改下样式、颜色等即可。

一句话⑤：每个被泄露的数据背后都有一条灰色产业链

去年笔者注册一家公司。第二天，就有人打来电话：你要复印机吗？你要财务服务吗？你要律师服务吗？……根据来电显示，笔者发现这些电话都是从石家庄打来的。一个星期后，又接到了其他如太原、河南等地方的电话；又过了一个星期，甚至还接到了北京市、内蒙古自治区、辽宁省的电话。数据的灰色产业链条在不断延伸，为何这么多机构会知道笔者公司的电话？一个原因就是数据外泄。

一、大数据将推动分享经济的革命到来

过去 50 年更多的是拥有经济，人们的奋斗目标都是拥有一个房子、一辆车子，可以过上小康生活，人们都之所以要进行大规模生产、制造出各种各样的产品，都是为人满足个人需求。

如今，拥有经济已经转向分享经济。虽然很多人有了私家车，但依然有很多人没有，城市无法承载如此多的资源，定然会促使整个社会发生新的改变，Airbnb、滴滴快车等都想在这样的浪潮中，通过分享经济模式和精神，给用户创造最佳体验。

分享出行的交通工具变成了一个必需，并不是因为生产汽车的成本有多高，而是因为道路资源有限，更多的劳动涌进城市。一旦分享经济的体验变得比自驾体验更好，真正的分享经济革命就会到来。

二、目前我国分享经济发展面临的问题和挑战

分享经济是对资源利用方式的一次革新，对传统经济模式、市场格局、消费方式和就业结构等都带来了重大的影响和冲击。当然，我国分享经济在快速发展壮大的同时，也面临着如下诸多问题：

1. 认识不统一

分享经济引起社会的普遍关注，但其发展过程中暴露出的一些不规范问题，让各界人士产生了忧虑。国家应当大力支持，形成共识，增强市场主体的信心，将分享经济巨大的发展潜力充分释放出来。

2. 政策有待健全

分享经济正逐步渗透到经济社会各个领域，但在管理过程中，个别行业和地方政府依然存在“隐形门”“玻璃门”，部分领域还存在管理空白，企业经营相关业务时无法进入，因此必须因业施策、因地制宜，加快完善各领域的配套政策，营造一个公平竞争、协同发展的市场环境。

3. 平台能力不完善

虽然我国生活消费领域分享经济已经取得了长足发展，但生产要素领域的分享才刚刚起步，很多领域还没有充分利用分享经济模式实现资源的有效利用，有些公共平台建设依然存在不足，个别环节还存在基础设施不健全等短板，需要不断改进和完善。

4. 公共服务须完善

许多分享经济平台企业，在利用分享经济思维实现创新创业时，虽然商业模式比较明确、技术路线也很清晰，但没有公共数据资源的支持，企

业发展遇到很多问题。因此，为了支撑分享经济新业态发展，政府要进一步加快数据开放分享，促进数据流通。

分享经济给未来生活带来的影响

"分享经济"是个新词，2015 年 2 月才被牛津词典在线录入，并将其定义为：借助互联网而实现资产或服务在私人之间有偿或免费分享的经济体系。仔细梳理分享经济概念的演变和实践发展系统，就会发现，分享经济是建立在平台上的一种朋辈协作经济体系，而朋辈协作则是个体以闲置资源为同仁免费或有偿使用的合作行为。

嘀嗒拼车是一款专注上下班拼车的手机软件，主要为广大上班族提供拼车服务，便捷、实用、安全。通过嘀嗒拼车，开车的用户可以跟他人一起分享车辆的空余座位，在上下班的途中搭载顺路的乘客；不开车的用户，可以通过此平台找到与自己上下班顺路的车主，坐上顺风车。随着拼车行为的日渐流行，交通拥堵、限行带来的不便、公共交通工具的拥挤等问题都得到了有效缓解。

同行人越多，拼车越划算。嘀嗒拼车的计价规则如下：3 公里起步价是 11 元（含 3 公里），20 公里以上里程费是 1 元 / 公里，3–20 公里里程费是 1.2 元 / 公里；另外，1–2 人拼车里程费不变，3–4 人拼车里程费会增收 1.2 倍。而滴滴顺风车 3 公里起步价是 12 元，3 公里以上里程费是1.5元/公里，且随着出行拼车人数增加，10公里以上的里程费会增收2倍。通过对比可以发现，嘀嗒拼车在车价方面占有绝对优势，在多拼方面亦是如此。

社交体验感更强。对于拼车族来说，除了低价、快速接单外，拥有稳定的出行伙伴更加重要。在嘀嗒拼车中，有一项好友定向接单功能，根据乘客日常的出行习惯，系统会给乘客推送与之匹配的车主，加为好友后，就可以将订单定向派送，增加接单率；同时，可以培养相同的出行习惯，有效节省行前的日常沟通，出行在外也会更愉快。

为了满足通勤一族的需要，嘀嗒拼车开设了一个“5元拼座”功能，由车主端发起的拼座计划，得到了网友的一致好评。虽然此项业务仅在北京一地进行了公测，但靠着超低的价格，已经俘获了全国各地拼车族的心。

一、分享经济影响了我们的未来生活

如今，人们已经不再需要朝九晚五地工作，完全可以身兼数职，还可以创业成为“老板”。这种改变归功于“身份”的崛起。

通过互联网，只要能随时随地将自己的劳动、知识、技术、管理经验等转换成实际收益，也就不用将自己约束在朝九晚五的岗位协议里。按照传统的就业理论，没有雇佣协议，就等同于失业。但是如今，即使失业了，也可以拥有众多新身份，不仅可以增加收入，也能实现自身价值，为社会创造财富。

分享经济下，固定的工作岗位消失了，临时的工作身份崛起。个人闲置资源的分享，对传统的就业模式产生了重大冲击。伴随着分享经济的普及，大量的临时性工作需求实现了供需匹配，通过众包、威客等平台活跃在互联网上，比如私人大厨、私人外教、私人大夫等，快速地吸引人们来到这个新领域。

二、分享经济改变专业化分工的大趋势

分享经济有时候也被称为“零工经济”，“美国行动论坛”的研究报告《独立承包商与新兴零工经济》显示，2002 ~ 2014 年美国从事零工经济的人口增长了 8.8% ~ 14.4%，而同期美国总体就业仅增长了 7.2%。其中，网络分享经济增长迅速，尤其是以 Uber、空中食宿为代表的交通、住宿领域。比如，2009 ~ 2013 年，交通分享行业为美国做出了 5.19 亿美元的贡献，创造了两万个就业岗位。

分享经济催生了一种新型的社会分工方式，改变了传统的雇佣模式和就业模式，人们可以完全按照自己的兴趣和技能，灵活选择工作机会，以自雇型劳动者的身份参与到经济活动中，并不需要依托于相关企业，出现了更多的自由人，就业机会的重要性越来越明显。

分享经济可以吸纳产业升级过程中的大量冗余人力资源，无论是脑力劳动者，还是体力劳动者，既不需要很高的就业门槛，也不需要烦琐的流程步骤，在网络分享平台上，只要动动手指，就可以将闲置资源进行全社会分享，并获得合理收入。

同时，分享经济下，职业自由人、个人、个体商户等通过各类平台进行兼职或服务外包，劳动合同不再是就业过程中的必需品，短暂的劳务关系成了新兴就业市场中的主流。2015 年 6 月的麦肯锡报告显示，全世界 2 亿多拥有各种才能的人可以从自由职业平台上获得更多的工时和收入，大规模业余化成为潮流。

三、分享经济对生活的影响

分享经济在自己能够发挥作用的领域带来了巨大影响和深刻变革，不仅提高了消费者福利，还推动了经济组织模式的调整，改变了许多耐用消

费品的消费与销售方式，并对所有权观念带来冲击。具体表现如下：

1. 便利生活，提高效率和福利

分享经济思维模式在交通、住宿、办公空间、闲置物品利用、宠物寄养等领域的合理运用，能减少不必要开支，提高消费者福利；同时还能为普通人就业提供量灵活的选择，创造出更多全职和兼职就业机会。

2. 冲击出租车、酒店等行业

据统计，全球酒店行业规模约 7170 亿美元，出租车行业规模约 1000 亿美元；许多城市，行业投入逐渐减少，资源被配置到其他领域，行业经历重新分工和中介化。比如：在 Uber 盛行的城市，出租车受到很大影响。

3. 改变了耐用消费品的消费与销售模式

分享经济会进一步改变为这些服务端提供资产的生产端。如果车辆分享与闲置物品利用成规模，汽车及许多长尾耐用消费品的购买量必然会减少，生产厂商也会受到了冲击，为了应对销量的下滑，就要调整销售模式，直接发展租赁业务，以租代售。

4. 增进社会信任程度，淡化所有权观念

分享经济建立在信任的基础上，以信任为媒介，人与企业、人与人之间的关系就会多一些温情，时间长了，必然进一步增进社会的信任度；同时，分享经济代表的是一种全新的交易方式，刷新了人们对所有权的认识，对几千年来根深蒂固的私有制和所有权观念造成了巨大冲击。

四、分享经济对我国经济社会发展的重要意义

分享经济利用“互联网 +”，创造出很多新业态，化解了不少过剩产能，带动了大量就业。国家大力发展分享经济，不仅有助于优化要素资源配置，提高经济运行效率；还能促进供需高效的对接，提升经济增长水

平，更好地发挥其在我国经济社会发展中的“生力军”作用。

1. 分享经济是挖掘供给潜力的好方法

依托互联网等技术，分享经济大大降低了信息获取成本，使生产要素的社会化使用更为便利。企业或个人按照市场化方式获得各类生产要素的使用权，在更大范围内实现了生产要素与生产条件的优化配置，大大降低了生产、运营成本和产业进入门槛。

2. 分享经济是提高经济效益的好渠道

在分享经济模式下，消费者需求变得清晰可见，供给的弹性和灵活度进一步提高。一方面，企业能更好地适应和满足不断变化的市场消费需求，降低供给不足；另一方面，能有效引导资源配置，合理化安排组织生产供给。

3. 分享经济是助力创新创业的好模式

发展分享经济有利于促进创新资源的自由流动，降低创新创业门槛。例如，分享经济的快速发展，创造出一批以知识、技术、信息、数据等新生产要素为核心的分享平台，为大众创业提供了有力支撑。利用分享经济模式，越来越多的企业通过众创、众包、众扶、众筹等方式对社会资源进行了有效整合，越来越多的资源提供者实现了与消费者的成功对接，使创新效率大大提高，同时有效降低了创业成本。

美国分享经济发展对我国发展分享经济的启示

一、美国分享经济的快速崛起

美国是分享经济热潮发展的发源地，世界上有关分享经济模式创意的种子大多先在美国萌芽、开花。

分享经济在美国兴起于最近四五年。从经济体量来看，美国分享经济市场规模估测约为5100亿美元，约占美国GDP的3%，在全球独占鳌头；从流入分享经济的风险资金来看，风险资本对于分享经济领域的关注度越来越高。

据Crowd Companies（众包公司）统计，2010年美国投资于分享经济的还不到20家，至2015年4月底已增至198个；从分享经济创业企业来看，截至2015年年末在全球18家分享经济的创业企业（一般指那些估值达至10亿美元以上）中12家是美国公司，佼佼者是估值超过100亿美元的Uber Airbnb和We work。甚至可以说，美国是分享经济发展最充分的国家，其经济体量、风险资本密集度和独角兽公司的数量遥遥领先于其他各国。

2008年的国际金融危机，使美国进入经济萧条的境况，为了恢复经济，美国人进行了各种努力。在这个过程中，分享经济让美国人尝到了甜头。通过闲置资源、闲置时间、闲置资源的分享，不仅可以帮自己节省金钱，还可以增加收入，继续保持高效的生活方式……如此，分享经济获得了越来越多的消费者的认同与支持。当然，分享经济真正迅速发展壮大的原因主要得益于美国政府的支持，得益于决策者和监管机构能够与时俱进、支持创新。比如,Uber 和 Airbnb 在某些地方开始有了合法经营的空间，相关法规监管也逐步推进和改进。

目前，美国已经确立分享经济的战略性地位，分享经济改写了政府的“情感”。美国政府整体上乐于支持分享经济，但各州的具体做法不同。虽然在联邦政府层面，美国还没有制定出特别针对分享经济的法律法规，对分享经济业态的监管主要在地方层面进行，但联邦贸易委员会（FTC）一直在与监管分享经济类新兴商业模式有关的工作，既不会妨碍创新和竞争，又能保护消费者权益。

首先，明确分享经济业态不同于传统业态的新定位，不以传统法规强加于分享经济实体。

其次，注重消费者权益和安全保护等公共政策目标方面的监管，引导分享经济实体向良好监管和自律的方向发展。

最后，设计专门针对分享经济实体服务特点的商业保险产品。比如，加州法律鼓励保险公司为交通网络公司司机开发新的保险产品。

二、美国分享经济的启示

美国分享经济，给我国的启示有：

1. 分享经济在我国发展前景广阔

分享经济是利用闲置资源促进经济发展的新经济，属于资源节约与生态友好型发展模式，与我国政府大力发展的循环经济相契合。对于人口众多、闲置资源丰富的我国来说，发展潜力巨大，值得大力发展。

党中央国务院对发展分享经济高度重视，在 2015 年 10 月召开的党的十八届五中全会公报中首次提出“发展分享经济”；2016 年国务院《政府工作报告》中提到“以体制机制创新促进分享经济发展”与“支持分享经济发展，提高资源利用效率，让更多人参与进来、富裕起来”。2017年7月，经国务院常务会议审议通过，印发实施了《关于促进分享经济发展的指导性意见》，为共享经济提供了顶层设计与制度安排。分享经济被提升到国家战略高度，其发展前景广阔。

2. 分享经济与其他平台经济须区别对待

分享经济是平台经济的特例，重点在于朋辈间分享闲置资源，与对接专业提供者的普通平台经济有着质的区别。朋辈是闲置资源拥有者，以闲置资源对接智能平台，能为亲友提供相关服务，而非专业供应者。

朋辈间有着特定的含义，简单地译为“对等”或“点对点”或“人人”，不仅会模糊分享经济与普通平台经济的边界，还会引起争议并导致管理混乱。分享经济与其他平台经济有着不同的运行模式，需要区别对待与分类管理。

3. 分享经济发展需鼓励创新与试点

分享经济之所以会诞生在美国硅谷核心区之一的旧金山，与世界创新中心硅谷的创新文化紧密相关。硅谷创新元化始终强调，不要受现行规则约束，大胆尝试甚至颠覆现行做法，进而促进规则修改，或者尝试其他方法。比如优步与空中食宿等分享经济代表，一方面在野蛮成长，另一方面也在世界各地寻求当地政府的理解与支持。

分享经济在我国是新事物，我们并没有一个清晰的思路。创新意味着风险，而分享经济涉及人们尤其是都市人的日常生活，需要谨慎对待。在发展分享经济时，国家可以鼓励人们大胆探索分享经济创新模式，选择若干城市作试点模式较为成熟时再扩散，从而促进我国分享经济健康的有序发展。

4. 分享经济发展要因地制宜

分享经济是朋辈间分享闲置资源，而城镇闲置资源较丰富、流动人口较多且较为集中，分享闲置资源比较容易，因此分享经济被看作城镇现象，体现着城镇特色。不同城镇拥有可以分享的不同要素，也就会发展出不同的分享经济。

我国发展分享经济可以借鉴美国经验，但不应照搬，尤其是宿行类分享经济，更要根据国情探索出更有特色、更为可行的模式。我国实施了30多年的计划生育政策，三口之家已经成为城镇家庭标配。随着孩子长大外出上学或就业，空巢现象越来越普遍，而空置房间正是发展住宿类分享经济的重要资源，利用空置房间发展出有特色的食宿类分享经济，不仅可以获得分享经济的普适效应，还能有效解决空巢问题。

另外，在北京、上海等大都市，交通堵塞及空气污染严重，限车限行，发展适合本地情况的出行类分享经济，既能分享闲置车辆，又能缓解交通难题。我国城镇差异较大，各地应本着因地制宜的原则，发展出具有本地特色的分享经济。

5. 加大政策扶持

分享经济虽然发展火爆，但其商业运行模式、组织管理模式等对传统认知造成了巨大挑战，也与现行的法律制度存在冲突。因此，用法律为分享经济铺路成为首先要解决的问题。以短租房为例，早在2014年10月，美国旧金山就成为世界首批承认短租房合法地位的城市之一。

6. 加强政策引导

在这方面英国人表现抢眼，他们在国家层面非常重视分享经济。早在2014年年初，英国政府就把英国打造成分享经济的全球中心及欧洲分享经济之都，并在政策等层面频频发力。而英国分享经济的规模也超过法国、西班牙和德国三国的总和，在欧洲处于领先地位。

7. 重视社会力量

分享经济倡导“人人为我，我为人人”，在观念层面意识到社会闲置资源的重要性、形成对分享经济的好感，是其繁荣发展的基础。

8. 有效监管

对于分享经济，如何能在扶持激励的基础上有效监管？英国人不仅为其提供了宽松的环境，还同时成立了一家与政府紧密合作的独立机构，采用会员制，对新加入的公司实行人员培训、保障消费者交易安全、处理投诉建议等，作为规范、监管分享经济的行业平台——这种做法值得尝试。

分享经济是情感经济的必然产物

情感是人类生活的永恒主题，是维系人际关系的基础，是横跨在需求和行动之间的桥梁，是消费者之所以要购买某一商品的原点。因为情感和理智比起来，人的大脑通常都倾向于情感，而非理智。

人们之所以要购买玫瑰花，因为它的花语是“情”，想用它来表达爱情、母爱、朋友之爱。

妻子之所以要给丈夫购买保暖内衣，原因之一就是为了表达自己对丈夫的关爱。

父母给孩子购买玩具、图书、车子、房子，也体现了对孩子的疼爱。

……

所有的消费行为，都可以从情感的角度来进行解读。因此，只要抓住了情感，营销也就变得皆有可能。

人类最大的需求就是精神与情感，而为情感服务的商业模式，都被称之为情感经济。无论是世界经济，还是地域经济，都在积极拥抱情感经济的到来。

如今，随着科技、文化及社会经济的发展，更多的商品被赋予了情感的符号，商品的心理功能与精神功能不断增强，商品越来越走向情感化，情感消费逐渐发展为一种重要的消费形式，服务于情感需要的分享经济也随之发展起来，分享经济也就成了情感经济的天然产物。

一、情感经济必然取代理性经济

分享经济是人和人之间物品的交换，其以信任赤基础，多了感性，少了理性，主要表现有：

1. 抢占消费者心智。

分享经济抢占了消费者的心智资源，能够在消费者的心智中实施区隔，使物品涉足其中，占据一席之地。比如物品有哪些特殊功效？能给消费者提供哪些实际利益？因此，受欢迎的物品必然会一些竞争者无法提出或没有提出的特点，引起消费者的关注和情感共鸣。

2. 重视形象。

消费者不仅关注理性价值，更关注感性价值，要想在消费者的心智中占据一定的位置，就要重视现象，消费者留下好印象。

二、分享拉近消费者与产品之间的距离

吸引消费者注意力并引起好感仅仅是一个开始，只有不断拉近产品与消费者之间的距离，通过一定的营销方式把消费者对品牌的好感延续下去，才能获得良性发展。

在商品社会中，情感是维系人与品牌关系的纽带，不仅要与目标消费者建立理性关系，而且还要让他们感受到强烈的情感关联，才能具备吸引消费者的基础。企业用分享的方式将品牌与消费者的距离拉近，才能用感

情俘获消费者的心智。

合理使用分享，把消费者紧紧拉到品牌身边，让消费者久久不愿离去，就会产生更深的感情。随着社会物质生活水平的不断提高，产品和品牌日益丰富，通过分享，就能让企业全方位地了解消费者。

解读分享经济，就要从认识情感经济开始。可见，分享作为人类的一种情感需求，在人们的生活中发挥着越来越大的作用。在情感经济高度发展到今天，只有不断地跟消费者进行分享，分享生活，分享知识，分享体验，分享感悟……才能让消费者更加信任企业，才能让消费者对企业产生好感，继而产生情感上的共鸣，最终产生消费行为。

分享经济给信用体系带来变革

如今，分享经济模式已经成为创造社会财富的新机制，随着移动互联网技术的不断升级和智能手机的逐渐普及，分享经济已经渗透到了人们生活日常生活。分享经济能解决供求矛盾，实现资源的整合，企业重构供需关系。可是随着分享的逐渐发展，难免会出现跟风企业，这些企业甚至还会饥不择食地危害客户利益。

分享形态下，人们对物品的占有欲越来越弱，只看重使用权。但是，这种时代气质的最终形成需要很长的时间，因为就目前的形式来看，分享的实行并不理想。单车上私锁，雨伞偷偷拿回家，短租破坏居住环境……分享模式下，这种现象屡见不鲜。

不管是单车分享，还是短租分享，抑或是其他分享，都离不开良好的诚信环境。所以，我们在享受分享经济给衣食住行带来便利的同时，还要遵守市场规则，规范自己的行为。

一、信用体系是共享经济的基础

共享经济的基本模式是：借助互联网第三方平台，实现闲置资源使用权的交易，提高资源利用率。共享经济涉及三大主体：拥有闲置资源者、资源使用权的需求者和第三方交易平台。借助互联网平台的交易双方一般彼此都不熟悉，交易的产生开始于信任。虚拟的网络平台交易，通过平台连接，将熟人间的分享扩大到陌生人之间，社会成员间的互信水平成为分享和消费的基础。

在互不相识、缺少监督和约束的情况下，交易双方很容易做出失信、违约等行为，大大增加交易的风险。共享经济中，交易方式存在更多的不确定性和风险性，交易平台也存在一定的不确定性和风险性；同时，平台网络的虚拟性带来的信息不对称，使得交易活动呈现多种不确定性，比如交易对象、信息质量、交易手段等不确定。另外，缺乏诚信企业还会利用网络的匿名性和远程性，使用“钓鱼网站”，进行虚假交易。

钓鱼网站（通常指伪装成银行及电子商务，窃取用户提交的银行账号、密码等私密信息的网站）。这些失信违约等行为都会严重干扰共享经济的健康发展，使人们对第三方交易平台的安全性产生怀疑。从这个意义上来说，信用是共享经济发展的基础和关键。

二、加快信用体系建设，促进分享经济发展

要想加快分享经济的发展，就要加快信用体系的建设。具体来说，可以从下面几点做起：

1. 积极建造个人信用档案

个人信用档案依法采集、记录个人信用信息，具有一定的法律效力。国家在推行进行信用体系建设的过程中，首先要建立完整的个人信用档案，主要包括：个人信用数据的收集、查询、共享、异议处理、数据安全的维护和管理等。个人信用体系的技术核心是个人信用评分，这样做不仅能直观反映个人信用，还可以对个人信用风险进行评估和预警。

2. 加强第三方机构的合作

信用体系的建设和监督，必须充分发挥市场的力量，尤其是第三方诚信机构的作用。因此，要与第三方机构展开合作，建立信用纪录和信用平台，合作拓展信用应用，做好信用状况监测，开展信用大数据分析，为决策监督提供参考依据。

3. 失信惩罚与守信激励相结合

失信惩罚是信用制度的重要组成部分，失信者要受到经济处罚、劳动处罚，甚至司法制裁。惩罚的反面是激励，对于信用良好的守信个人，要在工作生活中给予鼓励，让人们继续珍惜和维护自己的信用。

4. 营造互相信任的社会大环境

信用体系的建立和共享模式的形成，不仅是商业模式和产权关系的创新，而且还是人文社会关系的良好重塑。拥有者将自己的闲置资源的使用权有偿分享给他人，其实进行的就是信用交换，因此要想促进共享经济的发展，就要对人们加强信用教育，提高人们的信用意识，努力营造一个相互信任的社会大环境。

归根结底，分享经济的实质是一种信任经济。社会诚信度越高，越有利于共享经济的发展；只有在健全的个人信用体系下，在良好的监督、惩戒和激励的环境的保驾护航下，交易双方才会自觉地讲信用，分享经济才会发展行更好。

第三章　无限空间：最赚钱的共享经济十大模式

共享出行：共享租车、共享驾乘、共享自行车、共享停车位

所谓交通共享指的是，在共享经济的大背景下，依靠互联网平台，将社会闲置车辆、车内空间或驾驶技能等交通资源有效整合，通过大数据计算，对出行供给与需求实现高效匹配，实现共享出行能力。

在“互联网+”的背景下，交通共享是在传统出行需求与大数据、移动互联网等新技术交叉组合、叠加应用下催生出的全新出行模式。在很短的时间里，这种模式备受消费者追捧，并受到市场的热门关注。

共享经济的模式让交通出行领域的有效供给大大增加，不仅有效改善了城市出行服务的供求关系，而且还有力促进了出行市场的扩展与完善；同时，通过移动互联网的精确匹配需求和供给，交通共享缓解了出行信息的不对称局面，有效缩短了车辆空载时间，为各类用户增加了额外收益。尤其在春运等出行高峰时期，交通共享还成为交通运输的重要补充。

一、共享租车

人们出行方式一般有两种：自驾和代驾。

代驾指的是带司机的，就是打车，属于出租车公司所谓的主要业务打车、拼车、专车，这些新兴的出行方式都属于代驾，冲击的是出租车行业，主要满足短距离、短途、短时间的出行需求，用户使用频率高，例如

滴滴、优步、神州专车。

而自驾就是不带司机的，就是租车公司，主要满足中途、长时间用车的出行需求。自驾租车使用虽然没有打的频率高，但使用周期比较长，就目前市场来讲，一旦形成需求，大多数都是刚需，比如大方租车就是自驾租车。

为了避免这些弊端，大方租车采用“共享＋连锁租车”这一轻资产、重运营的模式，即“互联网平台＋门店标准化管理”。大方租车直接戳中了行业痛点，以“共享＋连锁租车”的形式进行加盟，全国众多租车公司在大方品牌管理下，实现了连锁标准化。

同时，大方租车公司还建立了分公司直营样板店，大大提升了区域品牌影响力，促进了加盟店的标准化。

互联网平台共享，让客户租车的成本更低，租金价格更低；连锁标准化服务，安全可靠；公司提供故障救援及替代车、100%不拒单等措施，让客户用车有保障；公司还提供专业车辆整备、专业验车服务，使车况有保障。

自驾租车在国内主要有三种发展模式：连锁租车、共享租车、共享＋连锁租车。其中，连锁租车的代表品牌为神州、一嗨，共享租车的代表品牌为PP、宝驾，共享＋连锁租车的代表品牌为大方租车。

共享租车的优势在于便捷、便宜，是轻资产、轻营运模式，然而共享租车依然有一些劣势，比如由于海量车主提供服务，服务无法做到标准化、专业化；由于拒单率高，车主不守时，车况没有保障等，车主、租客之间容易引发纠纷。这些原因让客户觉得这种出行方式不安全、不靠谱。

凹凸租车成立于2013年7月1日，总部设在上海。通过凹凸平台，车主可以将自己闲置车辆租给他人使用，租客则可以使用车况更好的车辆。

2014年9月凹凸租车正式更名为凹凸共享租车，其服务亮点主要体现在：

全新的共享模式，非传统意义租车。凹凸共享租车与国内现有租车平台最大的不同点在于其租车模式。传统租车企业的车辆都需要企业购买并维护，但凹凸的车辆全部来自车主个人共享。买卖双方坦诚互信，精打细算，共同获益。凹凸共享租车为买卖双方搭建了平台，用心服务，提升双方体验。

不计免赔更加安心。凹凸共享租车秉承“让买卖双方更贴近”的理念，采取了更为人性化的赔偿制度。在出行过程中一旦发生意外，承诺无界限免赔，一切责任不计。此项服务更加人性化，解决了租客的后顾之忧。

双向选择人性化交易。所有租客和车主都经过严格的身份认证，包括：实名认证、驾驶记录及信用卡认证实时更新等。同时，被出租的车也需要提供一定的认证资料，比如：车辆的里程数、保养情况等。在共享租车平台上，没有霸王式的交易条款，买卖双方都可自由选择。公司的机制透明，使买卖双方的沟通更加通畅，共享租车更加愉悦。

无损监控安全有保障。凹凸共享租车平台在每辆车上都安装含USB接口的终端服务器，可以实时掌握车况信息。所有车辆都可以在不拆毁原有车辆的基础上实现远程遥控，掌握最新的租车数据。部分车型还能通过手机遥控行端服务器，实现智能对接，提升安全性和效率性。

全时况贴心救援。凹凸共享租车开辟了“24 × 7客户支持和道路援助通道”，全程全天候为客户提供服务。只要客户有需要，公司就会随时为其提供贴心的救援服务。

便捷的租车方法。客户只要下载了凹凸共享租车 APP，不论在什么时间、什么地点，都能通过手机轻松租车。此外，租客还可以在凹凸共享租车官网上进行实时查找，了解租车市场的最新动态，还能以低于市场价 30% 的价格租到理想的车辆，大大提升了客户体验。

二、共享驾乘

1. 共享汽车

以保有量庞大的私家车来衡量，拼车市场的潜力巨大。比如北京全市约有 500 万辆私家车，而出租车不到 10 万辆，即使加上以“商务租车”和“拼车”名义运营的私家车，数量也比不上私家车。因此，这就为共享乘驾提供了条件。

DriveNow 是由宝马集团和汽车租赁公司 Sixt 各占 50% 股份合资成立的公司，2011 年 6 月 DriveNow 在德国慕尼黑推出了汽车共享服务。用户完全可以通过手机 APP 来搜索附近的汽车，使用后不必再把汽车归还至接车地点，只要将汽车开到目的地附近的归还点即可。

截至 2015 年 2 月，DriveNow 在美国和欧洲的 8 个城市一共运营 2400 辆车、拥有 36 万名客户。在未来 5 年内，DriveNow 会再覆盖欧洲和北美的 25 个城市。

与其他传统租车服务有所不同，DriveNow 鼓励用户的自发性，并不需要客户提前预订。租赁方式灵活使这家公司脱颖而出，快速适应了都市生活的节奏。

在伦敦的 DriveNow 服务，客户需要提前交纳 29 英镑的注册费用，并按照每分钟 39 便士（约合 1.5 元人民币）的费用计时收费；对于活跃用户的资费，降至每分钟32便士（约合1.2人民币）。公司为了推广其品牌，要求用户只要上传公司旗下的一款车型照片到Facebook上，就可以获得100分钟的免费服务

2. 共享航班

除了较为常见的乘车与租车，私人飞机领域也具备共享经济发挥作用的条件。

私人飞机的使用率比较低，每次飞行都会出现很多空位，而且购买和运营私人飞机非常昂贵。同时，搭乘航空公司的航班还有诸多不便，比如机场安检和等候时间较长、高峰期一票难求等。目前，美国市场上有BlackJet、AirPooler、SurfAir等私人飞机搭乘平台。

Jet Smarter公司被喻为空中“Uber”，在其平台，用户可以通过手机预定私人航班和私人飞机上的空座，实现“拼机”功能。

Jet Smarter的飞机并不是自己的，目前在其平台上的注册的喷气式飞机共有3100架。公司提供的服务有三种：Jet Deals，用于预约单程私人飞机的空座；Jet Shuttles，提供固定航线的乘机服务；Jet Charter，用户可以自定义航程线路、飞机型号等，这一类型收费最昂贵。

为了保证运行的飞机能满足用户需求，Jet Smarter提供Shared Charters（包机分享）服务：一旦热门航线的预定人数满员，用户就可以自主创建新的航线和行程，并与有同样出行需求的用户共享航班。新增航班完成首次飞行后，会继续接受Jet Deals和Jet Shuttles的服务预定。

用户每年支付15000美元的年费，就可以成为会员。公司支持大部分主流航线的飞行，同时也支持单次计费，比如乘坐Citation CJ3六座喷气机，从伦敦直飞巴黎的价格约为1190美元（约合人民币8217元）。此

外，公司还额外提供免费的直升机运输服务，可以把客户从机场送到指定地点。

三、共享自行车

“共享单车”是2017年国内最火的话题之一，有些外国友人甚至还将其称为中国新时代的“四大发明”之一。共享单车作为一种新的生方式，交通方式，有利于解决城市拥堵、提高交通效率、缓解空气污染等。

骑行智能共享单车出行是如今的一种时尚，很多人都以骑行单车为潮流。摩拜单车是智能共享单车的首创者及行业领导者，一直坚持科技创新，不断提升用户体验。

每辆摩拜智能共享单车都配备了“北斗+GPS”卫星导航芯片和物联网多模芯片，能够与摩拜单车的大数据后台实时连接，精准掌控每辆车的位置和状态，实现精细化智能运维。

摩拜单车推出了全球首个出行人工智能大数据平台“魔方”，在骑行模拟、供需预测、停放预测和地理围栏等领域发挥关键作用。借助大数据人工智能平台，摩拜单车实现了更加精准和均衡的车辆投放管理，让共享单车随处可见、随时可用。

摩拜单车还通过科技手段，智能引导车辆文明有序停放，推出“摩拜智能推荐停车点”，树立起了行业车辆停放管理的新标杆。

摩拜智能推荐停车点采用通过智能停车桩智能模块的无线信号发射技术，加上精确定位算法，迅速对单车停放位置及状态做出判断，实现了亚米级（即1米以下分辨率）的定位。选取点都是“潮汐现象”凸显区域，大多分布在地铁口、商圈街区、中央商务区、大型开放住宅小区等周围，所谓“潮汐现象”凸显区域。

摩拜智能推荐停车点的落地，可以大大缓解乱停乱放现象，提高车辆周转效率，满足用户的需求，科学解决“潮汐效应”带来的供给不平衡问题。

共享单车是交通基础设施的一部分，广大市民通过单车骑行，可以深入了解和欣赏到城市的风光与文化，已成为城市的一道靓丽风景线。如今共享单车已经被业界看作是网约专车之后的下一个共享经济热点，摩拜单车与ofo在市场上杀红了眼，同时还有很多平台也在快速追赶，优拜单车正是其中之一。

优拜单车的业务于2016年11月正式上线，在全国十多个城市内投放了数万辆单车。

优拜单车的用法与其他共享单车基本上差不多：车辆配备智能锁与GPS模块，用户可以通过APP实时查看车辆位置，并在手机端进行解锁、计费与结算等操作。

除此之外，优拜单车又有许多不同之处，比如：共享单车平台中的自行车，大多都是平台自产自销，成本比较高；优拜单车背后有传统自行车厂的支持，可以将全国几十个城市布局的近30万辆公共自行车接入平台中，提高车辆密度，提升优拜在共享单车市场中的竞争实力。

在共享经济浪潮下，共享单车的前景不言而喻。共享单车与传统自行车企业合作，或者赋予城市公共自行车“智能化”的能力，必然会扩大市场促使共享单车平台实现盈利。

四、共享停车位

大部分城市都会出现这样的情景：白天写字楼一般车满为患，晚上则会出现大量空置，而住宅区却恰恰相反。

为了应对这种情况，上海市徐家汇的宜家徐汇商场推出一项服务，停车场夜间对居民开放：晚上 6 点到第二天上午 9 点，实行 250 元包月、单次收费每晚 20 元的价格。目前，“上海停车 APP”平台已经实现了数据对接。车主以“上海停车 APP”为入口，就能查找并通过错时、定时、预约等方法，实现错峰停车。

此外，为了解决居民家里到停车场之间的“最后一公里”，徐家汇公安交警部门与宜家徐汇商场、摩拜单车进行了沟通，最终把共享停车升级打造为“共享停车 + 共享单车（P+B）”模式。居民下班后就可以先把车停到商场停车库，再骑车回家。

当然，积极试水共享停车的城市除了上海，还有广州、北京、成都等地。数据显示，目前全国停车类 APP 大约有 100 多个。停车 APP 大概分三类：一类是全能型搜索 APP，如“人民停车”“ETCP”等，主要为用户提供包括停车搜索、预约用车、错峰停车等业务；一类是专门针对某种特殊场景，比如高铁火车站、机场、路边停车需求，如“飞泊通”“小强停车”等；一类是停车软件平台，这类平台打算做停车软件中的携程，比如“淘个车位”等。

如今，共享停车位在北京、上海、杭州等城市已经逐渐流行起来。市民只要用智能手机下载共享停车位 APP，搜索目标停车区域的闲置车位，就能够一键下单。用户停车时，向物业保安出示手机 APP 进场凭证，即能入场停车；取车时，可以通过移动支付完成缴费。如何将自家车位对外共享？用户通过共享停车位 APP，就可以上传车位产权证、位置等资料信息，设置对外出租时段，等待车位认证。审核通过后，车位就可以对外出租，每一笔收益明细在 APP 上一目了然。

共享车位的出现也是一种必然，理由如下：

随着私家车市场快速增长，交通拥堵已经成为“城市病”

停车位的建设速度一般跟不上车辆增长的速度，导致停车位紧张。在没有停车位的情况下，车主经常会不按规定停车，反过来加剧了交通拥堵。共享停车的理念具有创新性，“互联网+停车”实现了资源共享，解决了停车市场信息不对称问题，有利于缓解停车难，有效缓解交通拥堵问题。

共享停车位盘活存量资源，符合共享经济理念，发展方向正确

如果共享停车位 APP 操作简单、用户体验好，平台车位资源足够丰富，车位价格相对低，车主自然愿意使用共享停车位。共享停车位是一个对社会有益的投资项目，前景光明 。共享停车位不仅是一个消费升级类的创业项目，而且也是解决市民停车难问题的良方，能理一步优化存量停车位资源配置。

共享空间：共享住宿空间、共享宠物空间、共享办公场所空间

共享空间涵盖在线短租、长租合租和共享办公等领域，目前主要集中于在线短租。共享空间还处在发展初期，存在较大的增长潜力。

共享空间可以盘活存量房产，有效调节供给，通过促进供需匹配为消费者及房东双方均带来效益。目前，在线短租模式每年盘活的闲置个人房产资源约为120万平方米，增速超过15%～20%。

在线短租服务最常见的场景是，消费者周末短途及国内长途旅游。调查发现，在使用短租服务后，约15%的受访者1年的出行天数都出现了增加，受访消费者的整体住宿开支上升约4%。同时，在线短租为各地创造了家政及相关行业的就业机会。

一、共享住宿空间

一家人外出旅游，如果要住酒店，可能需要开几间房；而短租房，一套就够。无论价格还是舒适度等方面，短租房“亲民度”都胜出一筹。如今，随着Airbnb、HomeAway、途家、小猪、蚂蚁短租等共享住宿平台被越来越多的人接受，市场上涌现出一批提供房屋共享新服务的创新企业。

2012年8月“小猪”正式上线，主要为用户提供短租住宿服务，是中国房屋共享经济领域的代表企业。目前，“小猪”一共有8万多套房源，遍布全国251个城市。尤其2015年上线的“神农架隐居作家小院”“最美女排国手的花店住宿”“著名导演的胡同四合院”等，还引发了国内“诗意地短租”的潮流，众多媒体人、艺术家、自由职业者成为“小猪”房东，“小猪”也成了住宿生活方式变革的引领者。

2016年1月，“小猪”推出了“城市之光”书店住宿计划，几十家“国内最美人文书店”上线“小猪”平台。北京单向街书店、泉州风雅颂书局、扬州边城书店、武汉文泽尔私人图书馆等书店，成为“小猪”兼具特色与人文情怀的房源。个性化的住宿空间、有故事的房东、愉悦的交流体验，将共享经济之美提升到新高度。

如今，共享房屋——在线短租业务已经在很多平台上线，涵盖了公寓、别墅、民宿等短租类住宿产品。共享自家住房给陌生人住的理念，已在旅游爱好者中获得了不少推崇和支持。

很多房东想把自己的闲置房屋共享出来，因为收益肯定比长租好，但大多数房东都不具备专业能力或没有时间精力打理。同时，市场上也缺乏这类深谙市场和需求之道、能整合上下游资源，同时拥有先进管理经验、背景资深的运营商。在这样的背景下，“鹿驻”应运而生。

有别于其他平台运营，鹿驻全托式C2B2C运营模式，做专业垂直运营。公司通过吸纳并筛选城市核心商圈的优质闲置房产，进行房屋统一装修改造和集中运营管理，再推向高端人群房客市场。换句话说，在鹿驻，房东只需提供闲置房产，公司经过筛选后，就可以提供包括美学软装、托管经营、营销推广、清洁布草等一系列服务。

这种全托式C2B2C运营模式，经过品质优化，提升了知名度，增高了单价，房东只要投入一次，就可以享受收益。由于管理专业严格，鹿驻的模式和服务，让房东和房客双方都能安心。按照规定，房东与公司须签约5年。通过这种高收益与放心的收益分配模式，房东和鹿驻会保持利益的一致，紧密地捆绑在一起。

据统计，2016年下半年至今，鹿驻的顾客满意度接近100%，复购率为25%。高品质、放心、贴心的共享住宿体验，有效解决了目前供需痛点，解决了多人旅游高品质住宿需求的痛点，赢得了多数高素质房东和房客的认可。放心的房源、放心的品质入住、放心的管理运营，是公司的核心竞争力。

鹿驻承诺：用品一客一换；五星床品，十秒热水；24小时管家服务。为了保障100%的放心，他们投入巨资自建了清洁服务团队与管家团队，这样的专业服务在行业里独一无二。

对于新兴的鹿驻模式，市场和资本市场给予了热烈回应。2016年10月鹿驻完成600万元人民币的天使轮融资，第二轮2000万元已经完成。

通过短租房平台的整合共享，不仅可以提供传统的低价房源，而且还能提供很多中高档的短租房源。房源多样化的选择，不仅扩宽了短租房的受众面，而且还在最大程度上满足了人们在旅游住宿、医疗住宿、暑假住宿和考试住宿等多方面的特定需求。

二、共享宠物空间

自从旅行短租服务Airbnb出现后，模仿者一个个出现在人们的视野中。现在，一个叫做Dog Vacay的宠物短期寄养平台出现了，专为需要出门的人提供狗狗寄养对接服务。

Dog Vacay是由著名的微型孵化器Science推出，创始人是一对夫妇。他们创建这家公司的灵感，是因为想在他们出去旅行时，为自己的狗狗找一个真正舒服的家。

当用户注册Dog Vacay时，需要提交各种认证信息，比如：个人介绍、社交网络信息、背景信息，甚至会有养宠物的经历、时间、宠物看护经验等。用户注册好后，需要寄养宠物的人就可以根据自己的要求筛选寄养人，而那些可以提供寄养服务的人也可以设定自己的要求。双方达成协议后，Dog Vacay会抽取5%到10%的费用；平台还会提供短信服务，用户鼓励寄养家庭向宠物主人定期发送一些照片。除此之外，在Dog Vacay上，用户还能找到遛狗师、驯狗师、宠物日间看护人、宠物看养人。

如今，Dog Vacay和旧金山、洛杉矶的多家宠物急救中心展开了合作，为宠物提供最高25000美元的全类型保险。

对于宠物主人来说，节假日时要想将自己的宠物寄养在宠物店，通常须要支付比平时更高的费用，如此节假日寄养服务还是供不应求。跟其他宠物服务（洗澡、美容等）比起来，宠物寄养需求时段比较集中，很容易在节假日爆发，平时订单往往零散而不集中。同时，专业化宠物店提供寄养服务无法有效平衡供需，能力大了平时闲置，能力小了无法满足节假日的寄养需求。而借助共享经济，社会化的分散式供给方就可以具备一定的弹性。

宠物寄养需要克服两个问题：一是供给方的专业性，宠物看护比C2C任务众包中的许多任务都更具专业性，有基本的门槛要求；二是宠物的安全，在宠物看护过程中难免会发生意外。这两个问题主要通过平台的筛选、评价、社交网络、平台担保与保险等方式解决。

成立于2014年的遛狗公司Wag，是一个专门提供遛狗人招募的平台，宠物狗主人可以在上面找到专门的遛狗人。为了提高服务的品质，在平台的遛狗人通常要经过公司的筛选；然后，公司会在每只狗狗身上安装GPS定位，狗狗的行踪纪录都会在公司APP上反映出来。

Wag平台上的收费标准如下:2米高的兔子，一般是每30分钟20美元，wag公司抽取40%的佣金。同时，wag公司还提供“群遛”的方式，也就是同时多遛几只狗，每多一条狗就增加5美元。

现在Wag公司已经将业务拓宽到旧金山、华盛顿、芝加哥、纽约、波士顿等20多个城市。公司表示，平台用户里的大多数人在过去没有找过专门的遛狗人，可见这块市场潜力巨大。

三、共享办公场所空间

共享办公，又叫做柔性办公、短租办公、联合办公空间，又被叫作创客空间或众创空间，脱胎于美国“We Work”的共享式办公室。它指的是供不同职业或受雇于不同机构的人共同办公的场所，备受自由职业者的青睐。

“共享办公室”的出现，让网络创业者有了新的办公场所，不必在咖啡馆、独立办公室或家中工作。

2015年不同企业混在一起办公的共享空间相继在上海出现，并迅速受到因“房租成本太高”而受挫的创业者的热捧。在虹口区哈尔滨路附近，有一栋由国际设计大师隈研吾亲自设计的高层建筑虹口SOHO。楼上大多数都是传统租户，但一二楼开辟成了共享办公空间，叫SOHO3Q，一个工位可以按周结算租金。一些初创企业，只需租两三个座位；有人还没创业，就提前预订了一个座位。

“共享办公”一共两种形式：一种是长桌长椅，有多个座位，不同企业的员工可能就坐在对面或旁边；另一种相对“封闭”，是单独一间间的玻璃房，俗称“包间”：包间有大有小，小的只有一个座位，大的可容纳几十个；包间价格相对比较贵，但私密性较好。有的创业者是这样租的：给员工租外面的大混间，自己单独再租一个小包间，如此就成了传统办公空间的“微缩版”。

租客要遵守这里的规定，比如：不能给自己包间的玻璃墙上开窗；不能将包间里标配的桌椅换成自己的老板桌、老板椅，否则会破坏整体氛围；不能在白色墙壁上挂一些东西，凡是物理破坏的行为都不被允许，如果想挂衣服可以搬个落地衣架来解决。

这里管理严格，整体环境保持了舒适整洁，缺点就在于每个座位几乎雷同，分不清归属。在走廊长长的墙壁上，装饰着运营方的统一布置；凡是公共区域，租客一般都不能乱动。如此，虽然缺少了个性化发挥空间，但也少了很多麻烦。

对创业者来说，各种麻烦事情已经千头万绪，办公上的最大要求就是省心，杂七杂八的事情都不用管。比如，让租客赞不绝口的首先就是洗手间。这里的洗手间完全按照酒店标准来设置，干净卫生，清洁工都经过专业培训，勤快有礼，比租客自己花钱雇佣的保洁员打扫得好。

令租客称赞的第二项是“高大上”的会议室，每间会议室的装修设计都非常用心。过去创业者在外面租房装修，为了节约成本，会议室通常都装得比较简陋，且大部分时间空置，使用率不高，租金上不划算。而在共享办公空间里，会议室由不同的企业轮流使用，每家企业每月可以免费使用会议室几十个小时，超过规定时间才收费。

会议室布置得漂亮，给住户们带来了实实在在的好处，有些客户看到这样的环境，主观上就会觉得“这家企业靠谱”，尤其是在与投资人谈判时，好的办公环境是小企业的“加分项”。

共享金融：P2P网贷模式、众筹模式

资金融通支撑着商业经营的顺畅运转，缩短了创新产品和服务推向市场的周期。与传统大金融机构不同，在互联网平台的支撑下，私人金融盈余得到了快速“共享”，“微金融”让经济迸发了新活力。“淘宝众筹”等显著降低了创新产品进入市场的门槛。

一、共享经济催生共享金融

著名经济学家 Jeremy Rifkin（杰里米·里夫金）认为，“共享经济”即“开放式经济”，是将科技潮流、协同共享模式联系起来。所谓共享经济就是，借助网络平台共享资源、技能和时间的同时获得收益，其特点主要有：协作式消费、个人对个人交易、临时工经济和开放式经济等。

从本质上来说，共享金融就是将线下金融资源整合起来，不断优化，实现供求双方直接交易。如今，“共享金融”概念已经深入揭示了金融市场化、金融服务实体等功能变革。共享金融是一种先进的方向和理念，是一种适应后工业时代和消费者主权社会的金融模式。

伴随着宽带传输技术、移动互联技术、云计算、大数据的广泛应用，人们真正进入了万事万物互联、随时随地互联的新时代。这种互联互通打破了传统工业社会分工细、专业化强的社会结构，逐渐形成了产业链垂直整合或横向开放形成产业链等格局，不仅有效实现了去中介化，而且还拉近了价值创造者和价值需求者、资源拥有者和需求者的供求双方信息的直接距离，极大地提升了生产、资源利用等领域的效率。

共享经济催生共享金融，共享金融源于共享经济。如今，全世界都在讨论共享经济，金融作为经济的一部分，也可以支持经济发展，共享经济的发展更需要有共享金融的发展。

二、什么叫共享金融

目前，整个经济社会发展需要强调“共享”二字，在这个基础上引出对于金融的看法，因为金融离不开实体经济，离不开目前经济社会发展的基本需求。

所谓共享金融就是，利用大数据支撑下的技术手段和金融创新，构建以资源共享、要素共享、利益共享为特征的金融模式。这一系列的金融模式，可以让金融资源得到更有效的配置，使金融消费者的主权得到体现，更好地为所谓的共享型发展道路提供服务。

共享金融理念，一方面强调要服务于共享型的经济发展道路；另一方面，因为金融自身在过去存在一些不可持续性的问题，出现了自我膨胀的矛盾，也要强调金融自身的可持续均衡、多方共赢式的发展。

“共享金融”包括三个层次：一是居民、企业等金融资源的供求个体间的金融共享；二是居民、企业等金融资源的供求个体与金融机构间的金融共享；三是金融机构间的金融共享，包括同业和跨业的共享。

作为全新的研究领域和方向，共享金融涵盖了金融市场化、金融服务实体等一系列金融演进方向和理念，与目前如日中天的互联网金融相比，共享金融更体现了长期、深层的金融模式与功能变革。

三、P2P 网贷模式

P2P 网贷即网络借贷，指的是个体之间通过互联网平台实现的直接借贷。

网络信贷起源于英国，之后发展到美国、德国和其他国家，其典型模式为：网络信贷公司提供平台，由借贷双方自由竞价撮合成交。

在传统的 P2P 模式中，网贷平台仅仅为借贷双方提供信息流通交互、信息价值认定和其他促成交易完成的服务，不会参与到借贷利益链条之中，借贷双方直接发生债权债务关系，网贷平台则要向借贷双方收取一定的手续费维持运营。如今我国的公民信用体系还不太规范，传统的 P2P 模式无法切实保护投资者利益，一旦发生逾期等情况，投资者就会血本无归。

因此，P2P 网贷在不断的探索实践中，通常都会建议信用贷款方引入亲朋进行联保，其他贷款方则引入抵押或质押进行反担保。同时，企业贷款项目还要引进第三方融资担保公司对项目进行审核和本息担保，并要求其担保规模要与担保方的担保额度相匹配，担保方也要加强自身的风控管理。

互联网理财是当下火热的理财方式，是众多投资者青睐的对象，对空闲时间相对较少、理财知识匮乏的工薪族来讲，互联网理财确实是不错的理财选择。其实，P2P 网贷之所以能在其它理财产品中脱颖而出，主要靠着三大优势，这也是其深受普通工薪阶层喜爱的重要因素：

1. 收益稳健

P2P 投资平台的回报率比传统理财的回报率高 4 ~ 5 倍，目前平均年化收益率在 10% 左右；同时，跟基金、股票、期货等比较起来，P2P 的收益更稳定，不必花费太多精力，工作之余就可以轻松增加收入。

2. 投资门槛低

传统理财，一般都是从几万、十几万起步，比如：银行理财产品，5万元起投，期限1年。而投资P2P的门槛则很低，几十元到几百元就可以起投，适合普通工薪阶层参与。

3. 操作便捷且灵活

投资P2P，不管在任何地方，只要在网络上简单操作，就可以随时购买理财产品，简单方便；同时，网贷理财产品投资期限灵活，项目周期为1～12月。所以，人们一般都会选择P2P网贷平台。

四、众筹模式

初次出现时，众筹模式是艰难奋斗的艺术家为创作筹措资金的一个手段，如今已经演变成初创企业和个人为自己的项目争取资金的一个渠道。借助众筹网站，只有有了新的创意，都能向几乎完全陌生的人筹集资金，消除了传统投资者和机构融资的许多问题。

众筹的兴起源于美国网站Kick Starter，该网站通过搭建网络平台面对公众筹资，有创造力的人可能获得他们所需要的资金，继而实现自己的梦想。这种模式的兴起打破了传统的融资模式，每位普通人都可以通过该种众筹模式获得从事某项创作或活动的资金，使融资来源不再局限于风投等机构，扩展为大众。说到众筹，不得不提的就是电影《大圣归来》。

在宣传动画电影《大圣归来》时，路伟觉得这只是一部动画片，没有大明星，导演也是新人，很难推广宣传。为了扩大宣传力度，决定试试众筹，如果参与的投资者比较多，也可以帮忙宣传一下。

抱着试试的心情，2014年12月路伟在朋友圈发了一条众筹《大圣归来》的消息，众多朋友纷纷来询问，路伟说："一万起，好结算；10 万影片署名众筹出品人……"结果，仅用了 5 个小时就募集到 500 多万元。原本打算玩一下，筹 200 万就够了，没想到那么多人。最终为《大圣归来》带来了 780 万元资金和无法估价的资源。

2015 年 7 月 23 日《大圣归来》的系列周边上线淘宝众筹，仅用了一天，就获得款项超过千万，支持人数超过 14 万，成功刷新淘宝众筹娱乐类项目的筹款金额项目。

《大圣归来》火爆银幕，片尾字幕里滚动着 100 多位投资者名字，令众筹这一汇聚草根创业梦想的互联网投融资方式再次引发关注。

众筹模式有个非常大的创新，就是把投资者、消费者和推广者合为一体。出钱的人，既是股东，又是客户，还可以进行积极的推广传播。每个人都出一点点力气，事情基本上就可以做得很漂亮。

目前，按照回报的不同，国内众筹可以归纳为 4 种：债权众筹、股权众筹、回报众筹和捐赠众筹。

众筹	定义	回报方式
回报众筹	投资者投资该项目，项目发起人承诺项目成功后会向支持者发放产品或者提供服务，也就相当于我给你资金，你为我提供产品或者服务，属于有偿服务的一种。	根据参与金额的多少，给众筹参与者更加超额的实物，大多数以实物产品、签名海报、支持者名单，等为主。
股权众筹	公司出售股份来筹资，投资者通过购买该公司的股份进行投资，从中获得一定比例的股权，可享受该公司的未来权益等，通俗地可以理解为我给你钱，你给我公司的股份。	通常以股份、分红或者利润等等为主，大多数公司会通过投资者占股情况进行年底分红回报。

续表

众筹	定义	回报方式
债权众筹	投资者对项目或公司进行投资，获得其一定比例的债权，未来获取利息收益并收回本金，通俗地可以解释为我给你钱，你之后还我本金和利息。	按照约定的比例给予利息，届时投资者可以手收回本金，还可以得到承诺的收益。
捐赠众筹	这种众筹主要是发起者通过平台发起公益项目，进行资金或者实物筹资，投资者对项目进行无偿捐赠。	

表3–1

五、成功的共享金融衡量标准

衡量一种成功的共享金融模式或互联网金融模式有哪些标准呢?

1. 风险是否可控。金融的稳健性永远是第一位的，随着泛亚、e租宝等出现问题，引起了国内政策层高度关注。只有保持风险的可控，共享金融模式才能受到欢迎，才能获得广泛发展。反之，采用这种模式，就要面对某些风险，人们可能就会避之不及。

2. 是否改善了相关实体行业和居民的金融服务。比如降低资金成本、增加资金与金融服务的可得性等。商业模式尽管令人眼花缭心乱，然而关键是对于当前改变了什么、带来了什么变化，这是衡量共享金融的一个铁律。

3. 是着眼于碎片化的业务，还是打造互联网产融生态体系——这也是共享金融和此前不同的一个理念。传统的理念就是一个产品、一个服务；共享金融理念，首先想到是新型产业与金融共赢共享的生态圈，成功的共享金融都能打造一个互联网产融生态体系。

4. 是着眼于开放式的大平台，还是O2O闭环模式——从长远来看，必然是开放性的平台模式占有优势而这一优势也是共享金融的典型特征。

5. 创新是着眼于产品本身，还是注重产品与服务的技术规则、市场规则、行业规则。如今，众多创新都让人脑洞大开，比如支付产品和其他一些融资产品。但是这些产品本身并不构成核心竞争力，构成核心竞争力是产品背后的规则，即话语权。而共享金融重视产品与服务的规则，更能给用户创造好的体验，更受欢迎。

6. 共享金融是否带来了理性、积极向上的金融文化。为什么有些人说，欧美互联网巨头在仰望星空，而我们还是忙于市场？这背后就包含着一种文化的区别。比如是冒险还是稳健？对道德伦理、职业道德，是否有怀敬畏之心？是恶性竞争，还是生态共赢？共享金融崇尚的是稳健，对伦理道德的敬畏以及生态共赢，是一种积极向上的金融文化。

共享医疗：预约医生1对1连接，线上医生诊疗服务

最近网络出现了“共享医疗”新概念。在众多患者认为医疗资源短缺的当下，“共享医疗”着实是一项创新。目前，共享医疗方式包括在线问诊，医生上门、设备分享和互联网多点执业等模式。

基于知识盈余、患者刚需、人工智能技术等形成的共享医疗产品，可以有效释放医生的重复性工作，可以跨空间、跨地区解决医疗资源不均、医患矛盾问题。除了这些共享医疗方式，有些创业者还探索出了更多的“共享医疗”模式。

作为国内第一家提供互联网共享医疗上门服务的公司，北京预健科技有限公司（以下简称“预健”）为居民提供了上门预约和量身预约服务，用户通过APP，就可以直接查寻附近可提供此类服务的医生，在可选服务时间里预订服务项目并完成在线支付，就可以在家里等候医生上门。

目前，预健服务类别已经开通神经康复、骨伤康复、运动损伤康复、产妇护理、新生儿护理、中医推拿、艾灸、刮痧、拔罐等项目，同时还提供心电、血脂、尿液、血压、血糖、血氧等多项生理生化指标的上门检测，以及实时数据监控和医生在线报告。

预健倡导的商业模式基于互联网共享医疗，最重要的是医疗资源共享与健康信息共享。医疗资源共享，使医院内的医生能够跨越围墙，利用自由时间为更多患者提供帮助；而健康信息共享，可以使专业医生提前介入与干预，实现个人、家庭健康管理。另外，互联网共享医疗还具备良好的服务关联性，嵌入家庭就是“互联网+”私人医生，嵌入社区就是“互联网+”社区健康，嵌入企业就是“互联网+”EAP……服务场景多样，服务形式灵活。

“看病难、看病贵”是国内医疗行业多年来的老问题。医院大厅放眼望去都会出现一条又一条的长队，挂号、问诊、检查、付款、拿药等环节都需要排队，共享经济下的医疗确实能有效缓解这一难题。医生完全可以在业余时间为附近或远距离的想享受定制化医疗服务的病人提供在线咨询及上门治疗等服务，病人就不用跑到医院挂号、问诊了。虽然由于安全和卫生等原因，该领域依然有部分无法实现共享，但共享机会依然不少。

一、医疗行业的共享机会

1. 首个微信移动医疗平台上线

2016 年 11 月 29 日，国内首个微信移动医疗家庭监护管理平台在广东粤北人民医院试点上线，众多患者享受到了看病的便捷体验，比如血压测量。如今患者只需关注医院的微信公众服务号，在支付相应的血压监护服务费用后，就可以利用服务包中提供的移动血压监护设备在家里进行测量。患者测量数据就会被传输到医疗平台，并被推送到医院相关医生的微信企业终端；接着医生就会根据患者的测量数据和院内病历信息等做出分析和建议；最后通过医院微信公众服务号，患者就可以接收到医生开具的定期电子报告，大大节省患者往返医院的时间和费用。

此外，对于患有慢性疾病的病人来说，出院后依然需要做定期检查，他们通过监护管理平台，可以与医生建立起一种长期、稳定的联系，更好地享受"一对一"专属医疗服务。

粤北人民医院是全国第一家实现支持微信全流程就诊的医疗机构，患者在微信上就可完成预约挂号、费用支付、分诊提醒、报告查看等全流程服务，为智慧医疗行业树立了新标杆。

通过微信公众服务号与企业号的开通，以及与智能硬件的连接，微信智慧医疗解决方案优化了患者就诊体验，完善了医疗服务体系，提升医院社会价值平台。医院前端用服务号帮助患者实现自助化远程就诊，后端通过企业号帮助医生更好地管理院外患者，就能建立起一种有效的长期管理机制。

2. 线上医生诊疗服务

在"趣医网"旗下，平台拥有趣医院、趣医网络医院 等多个品牌。其中，趣医院 APP 是一款改善患者就医体验、提升医疗机构服务模式的产品，涵盖预约挂号、报告查询、支付、住院管理等全流程就医服务；趣医网络医院致力于构建网络视频问诊服务平台，为患者提供在移动端与医院医生进行视频问诊的医疗服务解决方案。

为了打造统一的医院深度互联平台，趣医网围绕“医院 +”“IT 服务能力”发展产品，推出了核心性平台产品“医院 +”平台和两大核心 C 端产品：趣医院 APP 和趣医分级诊疗平台，帮助医院通过“互联网 +”技术优化就医流程，并优化配置医疗资源。同时，该平台连接了成千上万个医院信息系统，每年都能进行千万个事务在线处理，可以确保分布式服务稳定、可靠的工作。

趣医网旗下所有产品都架构于公司的核心产品——“医院 +”平台上。由于趣医“医院 +”平台深度对接医院内部业务系统，通过趣医完 APP 就诊的患者，可以便捷、持续地管理个人健康信息。同时，趣医网的产品会支持分级诊疗、双向转诊医疗体系。此外，该平台还支持开放式接入各类第三方服务，进而为医疗机构从传统服务模式向移动互联网服务模式转型提供便捷服务，并降低用户成本。

“医院 +”平台秉承“连接一切，为您服务”的理念，可以直接深度对接医院的业务系统。一方面，该平台向下深度接入医院、卫生计生委、医保系统等实体医疗卫生机构，构筑统一的医疗机构移动互联网入口，推进医疗机构完成互联网服务模式的转型；另一方面，平台承载了趣医网两大核心 C 端产品及第三方应用，能够与应用层的所有应用服务互联互通，帮助众多医疗互联网应用便捷地接入医疗机构，共同打造互联网医疗生态圈。

二、共享经济未来在哪儿

医疗行业共享的门槛和要求相对更高。医疗数据属于病人，而非任何公司或机构比如个人的生理生物信息、健康情况、遗传信息等都属于隐私，应受到保护。不同于其它领域的共享经济，共享医疗有着很强的专业性，须通过创新的科技手段和工具，对多余的优质资源进行分配。未来，共享医疗会涉及分段诊疗、转诊、学术资源等共享，其核羽是激活现有的资源，让优质资源得到合理利用，实现功能的最大化；实现不同地域、不同医疗机构的供需平衡；实现医疗的精准匹配，促进医院、医生和患者的共赢。

共享美食：解决吃饭做饭问题，营造文化交流平台

中国人在“吃”的生意上花的心思也许是最多的。共享经济时代，即便“灶台久不闻炊烟”，也能选择多种“吃法”。消费者想要速战速决，动动手指，外卖就能送上门；想要换换口味，完全可以选择各种私厨定制；想去餐厅又对价格比较敏感，就可以选择O2O。

“餐饮+”共享经济的鼻祖是美国的Eatwith和Kitchit，在国内经过近两年的发展，餐饮O2O总结为四种模式：C2C模式的私厨上门、家厨共享、B2B2C模式的共享厨房产能、混合模式。

一、C2C私厨上门O2O服务

对于追求消费升级、注重社交体验的新一代饕餮食客来说，想要吃得

好、吃得安全、吃得舒服，完全可以由星级酒店大厨提供上门服务，比如爱大厨、好厨师等就是代表企业。

对于那些没时间下厨或不擅烹饪的都市白领来说，请专业厨师上门烹饪想吃的美味佳肴，更具吸引力。这样让厨师与消费者直接对接，也就为餐饮提供了全新的解决方案。

私厨上门服务APP的出现，不仅让厨师能充分利用个人的碎片时间增加收入，而且还有利于厨师个人品牌的塑造。借助网上评价的马太效应，厨师的口碑会强者更强、弱者更弱。由于厨师管理的松散、厨师提供的服务质量参差不齐，因此对于众多消费者体验私厨上门服务更像是一种冒险。

“烧饭饭”运营方耶客曾获IDG和雷军683万美元投资，但如今已停业，原因有三点：（1）厨师上门O2O服务是非标准化、完全增量的市场，很难实现规模化的业务扩张；（2）效率低下，是相对低频服务；（3）供需不平衡，面临众口难调的尴尬境遇。

厨师上门O2O服务的供需两端不平衡，比如当年夜饭等需要大量厨师上门服务时，这也是酒店最繁忙、最需要大量厨师的时候。这就使得没有充足数量的厨师去满足用户的需求，导致供需两端失去平衡。从具体的运营层面讲，厨师也需要装备和工具，一部分酒店厨师也不适合在家里给人做普通的饭菜。

二、共享家庭“O2O”厨师

共享式家庭厨房，又叫O2O厨房或者互联网+厨房。通过这种方式，让很多闲置的家庭厨房赚得了收益，也让工作忙碌的人们享受到了在家吃饭、吃家常菜的温馨。

共享厨房的概念，不仅满足了在都市打拼的年轻人对家庭的渴望，也满足了消费者对个性化消费的需求。如今，在共享厨房这个领域已经有了妈妈的菜、妈妈味道、烧饭饭、蹭饭、我有饭、回家吃饭、觅食等主打共享家庭厨房概念的公司，把原来集中的大厨分散到了每家每户。

"回家吃饭"是个基于地理定位、共享身边美食的O2O平台。平台努力挖掘厨艺达人，以配送、上门自取等多种方式，为忙碌的上班族和不愿下厨的年轻人提供家常菜。该平台2014年10月上线，目前在北上广深已经有上万个线上家庭厨房开设。

"回家吃饭"曾在一年内获得百万用户、完成四轮融资，融资总额达数亿元人民币。可是，除了"回家吃饭"，并不是所有获得高额天使投资的共享美食平台者得到了健康发展，比如妈妈的菜、妈妈味道、烧饭等已经纷纷关闭。主要原因有三：一是烧钱补贴无法盈利；二是厨师的配合度不高、时间不稳定和消费者口味不同；三是从原料采购到整个加工制作过和都缺乏有效的监管，出现问题，消费者的权益很难得到维护。

三、B2B2C模式共享厨房产能

这种模式的共享经济就是，企业借助移动互联网技术，将碎片化的过剩产能整合到一起，通过重新整合、包装，提供给有需求的个人。这种模式做得比较好的有黄太吉和U味儿。

1. 黄太吉工厂店

黄太吉是一家成立于2012年的中式快餐食品公司，总部在北京。其运用互联网思维做餐饮服务，主打新产品是煎饼果子，旗下有来得吉、大黄蜂、牛炖先生等，受到了北京人的欢迎。

天生有着互联网基因的黄太吉开创了外卖工厂店的模式，通过吸收第三方品牌，共享生产、物流、终端配送，进而打造了一个迈向共享经济的新格局。

黄太吉将外卖工厂店设立在距离客户最近的CBD区域，所有的原材料及半成品首先集中在外卖工厂店里，通过标准化的设备和工艺，把工厂店的产能全部投入到外卖上，同时把产能也共享给第三方品牌。从简单的单品连锁，到多品牌连锁模式，最终到精品外卖共享平台。笔者认为，餐饮O2O本质是对供应链的重构，而不仅仅是简单的信息在线上的重组，向整个供应链延伸才是餐饮产业的蓝海。黄太吉的精品外卖工厂店模式最新一轮融资金额高达2.5亿元人民币。

2. U味儿美食智能平台

U味儿是金百万在互联网时代孵化的餐饮O2O项目。金百万从2011年开始酝酿该美食智能平台，通过金百万的中央厨房把菜品做成半成品甚至准成品，依托30多家门店销售的O2O餐饮模式。

U味儿以“智能炒锅+准成品菜+线上下单配送服务”为核心思想，以闲置产能作为突破口，进行产业链重塑。

餐厅闲时产能开放至中小餐馆，甚至家庭，解决了中小餐馆高峰时期产能不足、配备厨房成本高、制作卫生难有保障的问题。

四、混合模式

餐饮共享经济的混合模式将上面几种模式的优势都整合到一起，典型代表有吖咪厨房、好吃点等。

1. 吖咪厨房

吖咪是一个厨房派对社交平台，分别在广州、深圳、杭州、上海等城市都开展过活动，主要活动有厨房派对、私人饭局、美食教学等。目前，已经累计在10个城市举办了5千多场次活动，积累了众多用户。

吖咪厨房以线下厨房为社交场所，结合美食爱好者的行为习惯，将美食场景分为体验美学、空间连接、跨界社群：体验美学，是食物及呈现的艺术感体现；空间连接，是美食爱好者的厨房梦想及美好进餐环境的实现；跨界社群，是饭局新社交价值的发掘，即美食从功利性的价值转变为共同爱好者相互结识的需求。

通过这个平台，可以结识众多固定或者非固定的“饭友”。同一个厨房，经过共享可以按需分配使用并共同获得回报，这就是这个厨房 party 的精粹所在。如今，吖咪厨房已获得 IDG、挚信、启赋等投资机构的天使轮投资，其估值已经超过 3 亿元人民币。

2. 吃好点

“吃好点”励志自己要做餐饮界的 Uber，其实就是基于“吃好点”APP 平台，在写字楼、小区等租用多个工作室，把各工作室装扮成社区厨房店，大厨被平台从饭店解放出来自己开店，一个大厨守一家店，间距在 500 米左右。

基于 LBS（基于位置服务），消费者会看到附近 200 ~ 800 米的厨师分布，再根据附近厨师拿手菜种品类、距离远近等因素选择厨师，而后进行预订；预订后，可以选择去社区厨房店就餐或送餐上门，用餐后用户把餐具放在门外等配送人员自动收取。

如今，“吃好点”已完成 1000 万元天使投资，投资方为长江国汇投资和歌途文化。

共享知识教育：将知识共享从线上引到线下

在所有的共享对象中，“知识”是最特殊的一种，而“教育”也是所有行业中回报周期较长、需要持续互动和培养才能产生结果的一种。但是，如果拥有创新的共享平台、科学专业的教学管理机制、注重互动和针对性的教学理念，就有可能在一个广大的平台上汇聚优质的资源，实现有效的共享。

九天微星成立于2015年6月，公司专注于微小卫星创新应用与星座运营，在国内首次提出了“个人卫星”“共享卫星”等理念，以“科技创新+互联网思维”驱动商业航天模式新变革。公司贯通商业航天产业链，将成熟的卫星技术、产品从小众推向大众，是国内首个商业化运营与盈利的小卫星星座。

第一颗由全国中小学生共同创造的卫星“少年星”，于8月搭载长征二号丁运载火箭进入太空，并按教育共享模式供全国各小学使用。

基于共享经济背景，九天微星布局教育主旨在于更多地使用资源和制造资源。首先，在国内填补了教育领域卫星应用的空白，让教育界实现了与卫星的近距离接触；其次，九天微星将卫星应用于教育提出“共享”理念体现了其共享经济的理解。

“共享经济”不是为了节省社会资源，也不是帮助将手中的闲置资源变现，而是要更多地使用资源，必要时甚至要制造资源。卫星离开地面发射到太空，其属于谁已经是其次，真正的意义在于如何将天上的卫星最大化地利用起来。

教育共享卫星只是教育领域的一个开放性突破案例，对于相对社会资源比较缺乏的教育领域，未来教育更在于如何有效地利用资源，而不是占有资源。

一、共享教育的特点

目前，还没有人对共享教育提出更权威和确切的定义。笔者认为，共享教育是指在共享时代，人们通过线上线下的多种便捷方式，免费或低费共享与使用课和、师资、教育场所等教育资源。其本质上是订制教育，是对个性化教育需求的深刻满足，是对学校教育的补充与发展。在共享教育中，人们不求占有，只求共用；每个人都可以成为教育资源的提供者，都是享用者；每个人都可以当老师，也可以当徒弟。

简而言之，共享教育共有五大特点：

1. 内容供给的丰富性：已往不可能获得的稀缺资源，变得随时可用可选。

2. 获取方式的便利性：人们可以在任何时间、任何地点，享用适合自己的教育资源。

3. 使用成本的低廉性：许多教育资源提供商以低收费甚至终身免费的形式提供课程。

4. 资源存在的无限性：这些资源可以无边界、无限期播放，无穷无尽。

5. 用户身份的公平性：接受共享教育的成员没有地域、种族、身份等限制，这对于偏远贫困地区而言尤其具有战略意义。

我们除了共享课程、共享师资、共享场所外，还可以共享已往一些重要、但无法有效共享的东西。例如：

共享种类	说明
共享问题	当一个问题在网络上被提出时，共享教育就发生了。“罗辑思维”“分答”等平台的走红，就是很好的例证。
共享过程	人们可以通过网络将问题解决的过程一步步直观呈现出来，既满足了旁观者的好奇心与参与欲，也有效凸显了问题的价值。
共享动机	人们是否愿意共享、愿意付出、愿意互动，成为共享行为得以发生的关键前提，所以将自己做某些事情的想法共享出来以激发他人，也是共享教育的重要贡献。
共享体验	人们可以通过关注某些公共教育资源，通过建立学习共同体，通过“点赞”“打赏”“跟帖”等方式互相关注，与同道中人共享喜怒哀乐。

表3–2

二、在线教育如何实现有效的“知识共享”

从 2014 年开始，以“人”为中心的知识和技能的“共享经济”开始打破机构、地域、资源的限制，呈现出旺盛的生命力。“知识经济模式”在教育领域呈现出各种可能性和发展路径。在社交领域，知乎、在行、8 点后、1 英里等应用层出不穷，更涌现出众多知识型“网红”。

2017 年 3 月，慧科集团线上推出首个教育品牌“开课吧”。新版开课吧有别于传统教学机构，以双师模式进行远程同步授课，不仅突破了教学管理方对于教师数量、授课中心场地的限制，而且还综合考虑学习者学习时空的分割、学习媒体的多元化、学习场景的多样性等多种因素，打造出一种融合式、高交互、O2O、全新职业教育新模式。

融合式教学模式实现了教学系统的互通，开课吧打通了线上线下教学场景，由授课中心的主讲教师做课程体系的讲解，并同时为学习者配备线上线下各教学场景中的导学教师，搭建了线上线下学习一体化的 O2O 立体化融合学习班，学习者可以根据个体需求选择进行线上学习或者线下学习。

开课吧“小书童”智慧在线学习系统，扩充了“小书童”智慧在线学习系统的容量，将线下学习班学生的学习数据、教师的教学管理数据、运营管理的数据线上化，打通了线上线下教学资源，统筹控管教师授课和导学频率，让自主选课的弹性学习成为可能。

此外，开课吧还积极探索和推动职业教育的创新思路和模式，融合式教学新模式的关键在于一体化，即教学、产品、技术、线上线下一体化，在确保学习体验与效果的同时，通过技术创新实现成本结构的转变，满足学习者个体化学习需求。

在垂直化的在线教育领域，无论是真人在线互动、作业答题类平台，还是慕课模式，都少不了共享经济的参与。在传统教育行业，老师群体是知识内容的核心产出者，但其无论“传道授业”的路径却非常有限，除了课堂及培训，长期积累的专业知识经验和可支配的盈余时间，都无法被最大化利用。因此，知识共享经济的火热，就为老师群体提供了知识价值转化的可能性。

首先，在用户方面，“因材施教”的需求日趋明显，学生需要清楚自身学习特点、能够解决差异化问题的老师，家长需要能够破解家教难题、给出专业权威解决方案的内容。而传统模式除了付费成本较高外，还受到区域空间限制、优质教育资源不均等影响，无法满足“按需服务”的个性化要求。

其次，在老师群体方面，教育知识及经验的共享，面向线下有限的学生，缺乏有效的共享途径及共享方式；因教育知识具有专业性、复杂性、连续性、深入性、阶段性等特点，目前无法通过单一共享模式。

因此，教育行业的知识共享模式，虽然能将用户需求端与知识供给端有效结合一起，但如何有效连接并形成良性的共享机制是当前有识之士都在探索的问题直接复制现有平台模式根本就行不通。

三、教育行业的“知识共享”路在何方

当前现有的在线教育模式，大部分依然聚焦于打破教育资源的边界，试图通过 O2O 平台化的运营，实现学生群体和老师资源的个性化匹配。

以家教 O2O 模式为例。许多平台打通了教育的需求端（学生）和供给端（老师），使两者可以自行选择和匹配，但如何保证学生找到最合适的老师和最适合的教学方式，如何保证学生和老师之间有效的持续互动，却是家教 O2O 模式至今无法解决的问题。

同时，现有教育 O2O 大多会为了拉新用户全力“圈名师”，很少会考虑培养一流师资队伍的机制和能力。这种短视做法无法带动整个平台教学质量的提高，时间长了用户必然会逐步失去黏性，不利于 O2O 教育的长远发展。

在一些细分领域，开始出现“类知识共享”的模式探索，比如教育咨询平台。面向青少年家长群体，老师可以通过多种方式（在线咨询、电话咨询、文章共享）共享自身的知识与经验，通过为家长和学生提供教育问题的解决方案，进行持续的知识变现。

共享任务服务：帮助别人完成任务或提供各种服务

所谓共享任务服务，就是人们在网站上发布工作内容，然后别人可以领取任务，完成任务后获得相应的报酬，美国的 Task Rabbit 就是一家这样的企业。从发布任务者的角度来说，成本低、解决速度快；而接受任务的人则可以赚些外快。利用这种模式，公司运营会更“轻”、更扁平。

Task Rabbi 是一个任务发布和认领形式的社区网站，任务发布者在平台上获得任务兔子的帮助，而任务兔子在完成领取的任务后可以获得一定的报酬。目前，已有 3 万名用户通过审核和背景调查加入到任务兔子的行列。任务兔子中，最多的是那些有空闲时间和一定专业技能的退休者、全职爸妈等。

对于任务兔子来说，灵活的工作时间是最大的吸引力，60% 的任务兔子是因为希望掌控自己的日程安排而加入到这个网络中的。不菲的收入则是任务兔子主动完成繁琐任务的动力，在平台上大约 10% ~ 15% 的任务兔子是全勤投入，每月可获得 6000 ~ 7000 美元的收入。

如今，人们对工作的态度正不断发生变化，根据美国自由职业者联盟（Freelancers’ Union）的调查：美国每 5 个非自由职业者中就有 4 个表示愿意从事有酬劳的自由职业，预计到2020年自由职业者的人数会超过全职职业者。

借助这类平台，不仅可以让消费者的各种需求得到满足，还可以满足企业的一些需求。B2C任务众包又称为专业服务众包，服务于自由职业市场，主要集中在设计、编程、撰稿、翻译、速记等自由职业盛行的领域，买方主要是中小企业，比如创业公司将建设网站、设计公司Logo的任务分别外包给程序员、设计师等。在B2C任务众包中，企业将任务会直接分派给专业人士，不需要雇佣全职或兼职人员。B2C任务众包在线下时期既已形成相当规模，互联网的出现使之更加便利。而且B2C任务众包与雇佣专业资源的界限并不是泾渭分明，短期的Part-time既可算是众包也可以算是雇佣。

根据平台扮演的角色，B2C任务众包有两种不同的收入模式：交易费模式和项目制模式。在交易费模式中，平台充当B端买家与C端卖家之间的中介，买家可以直接与劳动力签订合同，利用平台支付自由职业者薪金，平台则抽取佣金。另一种则是按项目统一收费，如果买家对工作不满意，通常不需要为项目付款。这种情况下平台须对自由职业者进行严格审查以避免损失收入。这类模式的好处是，不用向买家透露佣金，佣金费率可以较高。不利的方面是，如果项目出问题，平台也要承担损失。

根据发布信息的主体，B2C任务众包可以分为：B2C（买家发布需求、卖家挑选）和C2B（卖家展示技能、买家挑选）两类。在实际运作中，许多平台也会发布比较大的任务，这时卖家是小规模的企业，平台同时承担了B2C和B2B中介的角色。

如今，美国市场的B2C任务众包平台已经比较成熟，拥有数十家成一定规模的从业公司，鼻祖是1998年成立的Elance。Elance公司与竞争对手ODesk在2013年12月合并成为全球最大的B2C任务众包平台ElanceoDesk。在国内市场上，有较早起步的“任务中国”“猪八戒”等，以及以线上任务为主的“赚零用”、C2B模式的“达工人”等。

此外，比较有名的还有威客。威客的英文Witkey是由wit智慧、key钥匙两个单词组成，也是The key of wisdom的缩写，指的是通过互联网把自己的智慧、知识、能力、经验转换成实际收益的人，他们在互联网上通过解决科学、技术、工作、生活、学习中的问题，让知识、智慧、经验、技能体现经济价值。

这种方式打破了地域、时间、工作方式的限制，通过互联网把世界各地的工作者放在同一平台中；给劳动者提供公平竞争的互联网环境，带来更多自由工作时间、创意和想法；可以利用威客模式平台上千万威客的知识、智慧、技能、经验为企业提供低成本高质量的服务。这个过程可以通过悬赏广播式和威客地图的网络式两种形式实现。

威客模式激励用户提供更有价值的作品，而用户借助威客模式网站通过自己的知识、技能、经验、智慧获取相对应的经济利益。用户就会有更高的热情花费自己的时间成本参与到问题的解答中去。同时，在经济利益的驱动下，他们也会主动将个人的知识和经验形成文章，发布在个人知识库中，供其他人付费查阅。

共享物品：物品共享、书籍共享、服装共享等多元形态

物品共享领域是最早出现的共享形态，随着移动互联网的发展，共享物品的商业模式呈现出物品共享、书籍共享、服装共享等更加多元化的形态。

在共享物品这种模式下，降低了供给和需求两方的成本，大大提升了资源对接和配置的效率。这不仅体现在金钱成本上，还体现在时间成本上。

一、物品共享

生活中，许多物品的使用频次都非常低，美国市场上有个经典的案例就是电钻，上百万美国家庭拥有电钻，但每个家庭在一台电钻生命周期内累计使用时间平均只有 12 ~ 13 分钟，这其实是一个巨大的浪费。除了花费一笔固定开支购买很少使用的物品外，还会经常碰到这样的情形：想要用时找不到放在哪里，不想用时发现没地方放。长尾物品的共享可以有效解决购买物品的开支和物品存储的问题。

Next door 是个邻里的社交网络，创立于美国旧金山，通过建立线上社区平台，让住在同社区邻居有机会认识并共享信息。经过 6 年的发展，

该平台从零扩张到全球超过 11 万个社区的居民使用，成为价值超过 10 亿美元的新创公司。

Next door 使线上社交更贴近现实，平台严格要求每个要注册的会员必须使用真名、提供确切的地址。会员在注册的当下，就会依所填写的地址被归类到特定社区。团队花了 6 个月的时间重新设计 6 种机制，并在不同的社区里进行测试，找出最佳解决方案。

Next door 打破表单设计化繁为简的常规，一改过去只要一个步骤填表张贴，新表单使用一系列的提问，多次提醒使用者重新评估。

表单内容的填写禁止出现与种族相关的字词，例如若有使用者在表单上提到非裔美国人用“African American”表达，网页就会出现警语，要求使用者移除这类字眼，否则无法送出。借此大幅减少 75% 因种族歧视而产生的不当可疑提报，提升使用者的信赖度。

在闲置物品的共享方面，目前有两类模式：一种是有偿或无偿的所有权转移，一种是免费或付费租借。其中，有偿转让即是历史悠久的二手物品买卖市场“跳蚤市场”的线上版，鼻祖是线上集市 Ebay，支付方式包括货币以及网站的积分等；无偿转让主要以赠送、交换的形式实现，更多的是有偿转让方式的补充；无偿借用主要在邻居或共同爱好者之间，更多地注重社交元素；有偿借用则是共享经济在闲置物品利用方面可以发挥巨大作用、节约大量社会资源的主要模式。

便捷的购物模式下引发的是商家的价格战和消费者不以需求为导向的冲动购物，买回大量不必要的商品后，浪费了许多有效资源。

在这样过度消费的销售市场里，是需要有一个平台去为大家做好消费后市场的服务，这是商业的规律，更是用户的刚需。为此傲亿科技公司全力打造了一款闲置二手物品免费申领平台——拿趣 app。

每个人可以把自己闲置不用的物品拍照共享到拿趣app上，也可以在平台上挑选自己需要的东西，所有发布的物品都是免费的。没有人会去和你砍价，物品的流转由市场供需决定，大家只拿自己需要和想要的物品。而你通过共享不需要的闲置而获得的积分可以去选择更多你需要的东西。在闲置的流转中，拿趣官方提供线上支付系统，只有当获得者收到快递确认收货后，邮费和积分才打给共享者，以保障双方的利益。这样可以真正的让资源和需求达到最高效的匹配，形成需求闭环。

拿趣app以积分等级系统激励共享，以交易评价系统保证用户和平台诚信。平台为用户提供了一键下单功能，订单提交后，快递自动上门收取快件，无需用户花费更多的宝贵时间去处理线下问题，免去了传统二手交易市场的繁琐性。平台致力于真正的改善二手闲置市场，希望通过共享经济的模式去解决二手闲置市场，让这些闲置的资源发挥价值真正去满足人们更多的需求。

目前，闲置物品的共享尽管还处在起步阶段，规模较小，然而促进其大规模推广的技术条件（移动互联网）和社会基础设施（物流服务）已经成熟，前景十分广阔。

二、书籍共享

这些年，网络借书、移动图书馆、地铁图书漂流、共享书吧，等等。互联网时代下纸质阅读方式层出不穷，而具有“共享图书”概念的互联网借书服务平台甚至早于“共享单车”已经开始运营，也有图书人开始“共享图书”的探索尝试……

Chegg在线校园租书平台是一个在线教科书租赁公司，为全世界超过7000所大学提供教科书在线租赁服务，同时还提供课程复习和家庭作业辅导服务。如今，Chegg已经成为领先的图书租赁网站，正在朝着预期的让学生每天都要使用的愿景前进。

在课程选择工具方面，600所校园的Chegg应用者都能够搜索课程，浏览学生笔记，给每个课程打平均分，并且在网上日程表中建立他们的时间表。一旦他们能搞清楚自己的时间表，Chegg就会指出他们需要什么教科书，并且只要点击一下鼠标就能租用到所需书籍。

在家庭作业功能方面，使用者能够将它们的问题列出来，并且从其他学生或者专家那里接受帮助。Cheggm同样能够在教科书中建立问答资料库。

借书的习惯由来已久，不同在于，过去我们只能找熟人借书，但是随着现代科技的发展，出现了向陌生人借书的可能。

借书从小范围来说，可以在社区里实行，比如在大楼的一层设置一个专门的屋子，放整栋楼里的住户不用的旧物，包括：书籍、杂志、光盘，等等。别人看完放那儿，其他人就可以拿来看，看完以后再放回去。

从社区往外辐射，从更多的范围内可以做到共享，比如我国因为区域发展的不平衡，一线城市的家庭里，儿童书籍往往很多，但孩子长大后就不看这些书了，这就造成了很大的浪费。同时，有些家庭经济条件不太好，如果能有一个图书共享机制，他们的孩子不仅能看到更多的书，而且还不会增加家庭经济负担。共享图书符合环保的理念，一本书应该让它发挥更多的作用、让更多人看到，而不是买回去放在柜子里。

三、服装共享

男装品牌说，男人的衣柜，1年只要去两次；而女装品牌则说，女人的衣柜，总好像缺了件什么。女人对于衣服的追求，可以用这样几句话概括："天呐，又没衣服穿啦！"可是，对于大多数工薪阶层来说，天天换新衣不现实，大牌买不起却又不够穿，怎么办？

最近，在很多人的手机上都多出了一个APP"共享衣橱"，号称"每月几百元，天天穿大牌"，标榜"全球买手精选，万件国际大牌任你选"，注册会员能够无限换衣，还可享受五星清洗服务。

调查显示，80后、90后女性人群走向职场，月收入超过5000元的是消费主力。她们更注重服装的个性化、时尚化、品牌化，边际消费倾向更高。"共享衣橱"是共享经济升级后的版本，与共享单车、租赁手机在模式上大同小异，核心就是租借。

以一款苹果商店好评度最高的APP来说，其模式就是首先实名注册会员，按月、季度、半年或一年交一笔钱，成为会员。然后，在这些共享衣橱平台上选择每次租借的衣箱，靠快递往来、更换衣服。这在APP平台上被称为"包月换衣"或"30天预订美衣"概念。

每个平台的定位虽有差异，但其目标客户均是20多岁爱美的年轻女性。除了为特殊场合租赁礼服，也有日常生活中穿大牌和潮牌时装的需求，价格几千到上万元不等。

用户打开有关共享衣橱的APP，可以通过最低18天体验订购的方式成为会员。在这里，有时尚三件及轻奢六件可选，分别可选择18天体验、月卡、季卡和年卡不同方式，价格从几十元到数千元。注册时，软件会要求用户输入年龄、身高及穿衣尺码等信息。注册成功后每月可无限次轮换，每次可租一个含三件衣服的衣箱，更换时快递会把新衣服送到，并将旧衣服拿走。如果对借的衣服特别喜欢，也可一键下单购买，享受最低3折优惠。目前，该APP有两万件服装，200个国际知名品牌入驻。

共享衣橱租衣软件出来后，有的会员甚至花98元尝试了18天轻奢租衣，不仅花样多，就连洗衣程序也省了。租衣对于刚工作不久、收入不高但爱美的人，吸引力不小。以518元的月卡为例，除去往返时间，最多可租12件衣服，平均每件只需约43元。与每月要拿出千元买衣服对比起来，节省了一半，在一定程度上避免了服装闲置浪费问题。

据了解，中国每年都会有超过2600万吨的服装被丢弃，而能满足女性出席不同场合需求的轻奢追求型衣服又令大多数人难以负担，“共享衣橱”填补的正是这块空白。

四、共享按摩椅

目前，在共享单车、共享充电宝、共享KTV外，还出现了共享新物种，那就是共享按摩椅。这些按摩椅通过“扫描—支付—开启—按摩”的方式提供服务，操作方式与时下火爆的共享单车相似。

目前，在大型购物商场内，迷你KTV和娃娃机搭上共享快车，悄然时兴迅速蔓延，包括友唱M-Bar、咪哒miniK、Wow屋、聆哒等各类线下移动迷你KTV迅速野蛮生长，友宝、唱吧等公司已经在迅速布局之中。

资本也颇为关注这类项目，因为相对来说，无论是娃娃机，还是迷你KTV，都能快速复制、快速增长，具有高频次、需求相对普遍，依靠线下人流，盈利回本能够看到预期的项目。经过粗略计算，比如，一台娃娃机的价格普遍在800～1000元，而玩具娃娃的价格则大致为几元到几元，门槛低成本低，一台娃娃机可以让投资者轻松月入过万，不到1月即可回本。

共享按摩椅符合刚需这一条件。所谓消费升级，其实就是追求更为健康的生活方式，符合消费者追求健康和休闲消费、迎合养生健康消费升级的需求。在国内，亚健康的白领人群庞大，数据显示：因压力和过劳处于亚健康状态的人群比例高达 70%，肩颈酸痛是所有现代人的通病。人们逛街玩累了，等餐、等待电影开场等碎片化时间，有一张按摩椅可以躺下来按摩休息一下，是大部分都市人群的刚需；而且，一旦用户养成了这种习惯，就可能形成一种持续性的需求。同时，按摩椅对应的是所有普通用户的需求，有需求的人群也一定不少。而且，一次按摩椅的消费大致在 20 元半个小时，性价比相对较高。

第四章　协同消费：实体经济应对分享经济的方式

出售使用权，而非产品

分享经济正无处不在地改变着我们的生活方式，也改变着经济的运行轨迹。伴随互联网的飞速发展，以滴滴快车、分享单车等为代表的分享经济进入快速扩张期，平台企业持续增加，市场规模高速增长，分享领域不断拓展。

在企业模型中，多数传统利益来自于出售物品；而在分享经济模式下，企业必须开拓新的收益来源。

喜利得集团是典型的将商业模式转变为出售产品使用权的公司，其主要向全球建筑行业提供各类产品、系统和服务，不仅销售公司生产的手持式电动工具，而且还重视赚取客户在工具损坏或无法使用时付出的机会成本。

20世纪90年代后期，因为竞争对手推出的系列廉价小工具，喜利得遭受了较大的销售损失。此后，公司开始从客户入手，通过其反馈信息来改善产品和服务。在此过程中，喜利得发现，工人有时候认为小工具基本上都属于一次性用品。

同时，他们还发现，廉价的电池驱动型工具虽然第一眼看起来似乎有效、可用，但在实际应用中因为某些不相容物件反而会使施工场地过载。而施工现场管理人员，因为了解工程期限限制，一般都不会使用一堆各不相同的工具。另外，能够对工作效率造成影响的工具很容易中断，时效性较强的工作，给生产力和时间造成巨大损失。

由此，喜利得发现管理工具是一项大负担。工具的大宗商品化虽然对目前的喜利得销售来说是一种威胁，但是也为其提供了竞争机遇，即向消费者提供便利和“工具队管理”服务。

现在，喜利得客户不再用购买单项工具，而且在规定的使用期限内租用工具。客户只需提供无预付款资本投资和固定月息即可，这种租赁模式，不仅有着极高的灵活性和高效性，而且还使客户能够获得额外的修理服务。

也就是说，喜利得将一开始威胁其核心竞争力的因素转化成了利益增长点。工具队管理商业模式代表一种新的客户价值主张，这样，公司在分享经济背景下扩展了收益模式。

另一个比较显著的知名公司成功适应分享经济模式的是，戴姆勒股份公司。

如今，汽车分享已不再新鲜：世界最大的汽车分享品牌之一 Zipcar 十多年前已成立。不过，戴姆勒的car2go服务成功证明了知名企业如何调整、适应，将商业模式从售卖产品转变为售卖产品使用权并在此基础上扩展，从而充分利用分享经济。

car2go 是由戴姆勒和欧罗普卡租车公司构成的合资企业共同推出，于 2008 年在德国的乌尔姆最先应用。其支付模式很简单，除缴纳注册费外，无任何固定成本，客户每次用车时付款。

car2go 还为商业客户引入了一种特别支付模式，客户可将其作为一种价格更优惠的替代付款选择来保证拥有自己的车队。

car2go 车辆可在城市内任何允许汽车停放的地方停泊，不用停在指定性停车区域，比如可以停放在用户住所附近或工作场地附近。目前，有超过60万的用户正在使用1万多台汽车，其中包括1200台电动车辆。

由此可见，car2go将协同消费整合成一种成功的商业模式。

支持客户转售产品或服务

知名公司可以通过另一种方式参与到分享经济，即支持客户转售产品的渴望并支持。以家居用品商宜家家居为例。

以家居用品商宜家家居为例。2010年宜家家居在瑞典推出一款网络平台，允许客户在此转售已用过的宜家商品。在瑞典，公司的“宜家俱乐部”忠诚成员可以免费张贴和售卖宜家商品。“宜家俱乐部”会员资格可以免费申请。表面看，宜家推出的这款平台系统没有给公司带来任何财务收益，但公司自主能力的提升带来了新产品销量的增加。

二手家具市场的推出确实给宜家带来了大量优势。首先，再分配的提议符合公司友好的环境理念，吸引了大批关注环境保护的消费者；另外，提供这样的二手市场，而非重点扩大销量，使客户能在家中专门腾出空间来摆放宜家的产品。

另一个支持客户转售产品的公司是巴塔哥尼亚户外用品公司。

巴塔哥尼亚公司位于美国加利福尼亚州的凡吐拉市，2011 年 9 月与易趣合作，令业界感到困惑不已：合作难道是要降低服装销售量？。哪家公司会通过降低客户的产品购买量来促进发展？后来巴塔哥尼亚给出清晰的答案：顾客购买越少、分享越多，越能降低消费造成的环境压力。

为了将这一理念落实到行动上，巴塔哥尼亚和易趣合作建立了“共同衣物纤维伙伴关系”平台。该平台旨在方便所有人出售和购买二手巴塔哥尼亚产品，为公司带来的一项好处就是，提高了产品知名度。客户如果有不穿的旧巴塔哥尼亚衣物，那么在大多会将其在平台转卖。最终结果是，无论在互联网上还是在实体店中（在转买后），巴塔哥尼亚产品在公众之间的流传度得到了增加。

其实，这种二手销售理念并不是开创性理念。巴塔哥尼亚大胆而又新奇之处在于，有效地鼓励消费者减少购买新产品——而这种做法带给公司最直接的收益恰恰在于加强了品牌化效应。我们可以这样想：一种是公司极力宣传自己的产品注重可持续发展，另一种是公司提出的主张明显与销售新产品不一致，二者相比的话，哪种效果更好？巴塔哥尼亚由此获得的第二个好处与宜家二手家具市场的效果类似：因为消费者很容易卖出旧的衣物并得到现金支付，这样既拥有流动资金可购买新的巴塔哥尼亚产品，又有空出的衣柜空间来存放新产品。

利用未用资源和能力

分享自己的现有资产和能力，也是公司、企业从分享经济中获益的途径之一。如果特定资产由于资本所需太大而无法让每个人都可以获得，企业就可以使用这种策略，比如农民机械协会。

农民机械协会是农业与林业结合在一起产业协会，它允许协作使用机械，可以为有需求的农场或者农民和林业工作者带来过剩的劳动生产力。协会最开始仅仅提供基本的机械分享，现在在有效的劳动力配置背景下，还提供林业帮助、热能生产和其他服务。

其实，这种因为大型机械资金负担重而分享的概念也并不新鲜。第一个“农民机械协会”小组成立于1958年的联邦德国巴伐利亚州，属于农业支持小组。最开始时，小组主要租赁能更高效耕种土地的机械设备。很快，农民便形成购买集团，向小组成员提供工作所需的所有机械设备。

随后，这一概念得到进一步发展，“农民机械协会”进入个人租赁行业。原因很简单：许多农民在冬天时就会失业。而且，很多农场规模太小，无法完全满足农民的生活需要，农民需要额外收入。农民都非常勤劳，因此许多公司愿意雇用他们当临时工，“农民机械协会”就能为企业提供大量有技术又吃苦耐劳的短期工人。目前为止，德国的“农民机械协会”附属机构已经接近300个。

当然，这种分享设备和动力引擎的概念也并不新颖，但考虑到分享经济的大趋势，公司应对其使用固定资产的效率进行重新评估，比如流动空间集团。它最先将协同消费引入工作空间，即调整工作空间和会议室形态，使其符合租赁者的具体需要。这一理念将拥有空闲办公空间的企业与暂时需要办公空间的企业联系起来。“流动空间集团”的成功得益于三个主要因素：商业公司控制房地产成本的压力、移动技术和社交技术、喜欢在家工作的员工。

Liquid Space APP 可以帮助自由职业者及其他寻找办公空间的人找到符合其需要、时间要求和地理偏好的工作场所。在这款 APP 应用内，还有一个“我怎样工作”的设置档，用户可以在这里列出自己觉得有利于自身工作效率的工作环境类型及工作人群规模，比如工作环境的范围，包括“可看见风景的房间”到“静音区”等；人群规模大小则可在 1 ~ 50 人之间调整。

这一案例揭示了多数拥有办公空间的公司如何通过协同消费模式来盈利的秘密。利用这种模式，公司可以轻松管理过剩的生产能力，还能通过虚拟市场灵活解决生产能力不足等问题。

提供修理和维护服务

如果公司具备修理和维修服务专长，就能够将该专长“租赁”给消费者来参与分享经济。另外，分享一件产品的人越多，产品被使用的次数也就越多，这样就在无形中增加了消费者的修理和维护服务需求。

案例 1：联邦快递的技术连接服务

联邦快递是一家美国快递服务公司，成立于 1971 年，主营快递服务。为了满足发展的需要，公司建立了一个大型知识库，囊括了员工在快递送货过程中所用电子设备修理方面的所有知识。该知识库 FedEx Tech Connect（联邦技术连接）奠定了基础。

FedEx Tech Connect 隶属联邦快递企业服务公司，主要经营电子设备维修服务。企业如果需要类似服务，就可以将设备带到联邦快递零售店内进行维修；联邦快递还会通过传统的送货人员向客户直接提供维修服务。

联邦快递可以借助协同消费的潜力充分发挥现有生产能力。公司将内部已有的关于电子设备维修的资源和专门技术开拓成如下商业模式：不仅建立在现有生产能力上，而且同时支持公司的主要经营项目。这样，就成功地将公司内多余的维修技能与其零售店和快递人员实现了无缝融合，无需额外投资，就能够为全球客户提供维修服务。

案例 2：百思买旗下的“电脑特工”

百思买集团（Best Buy）是全球最大家用电器和电子产品零售集团。2017 年 6 月 7 日，2017 年《财富》美国 500 强排行榜发布，百思买集团排名第 72 位。2018 年 7 月 19 日，《财富》世界 500 强排行榜发布，百思买位列 261 位。

2006 年年底百思买首家旗舰店在上海开业，百思买旗下专属品牌“GeekSquad”电脑特工也随之进入中国，扩大了消费性电子产品业务，增加了大量服务和维修业务。其中，服务业务不仅为百思买客户提供服务，还直接为百思买创造利润。同时，“电脑特工”系统还为私人及商业企业客户提供服务以及升级产品和服务。

“电脑特工”是如何为百思买创造收益的？跟新产品比起来，消费者更喜欢使用旧的、低成本产品，“电脑特工”向客户购买的旧产品提供持续维护。另外，还会直接影响消费者购买新产品的决定。

与协同消费结盟寻找新客户

要想从协同消费热潮中获益，企业还可以采用一种方法，就是与点对点的分享系统结盟，形成平台，向潜在客户推广产品和服务。

比如，兴起于纽约、伦敦等时尚大都市的交换派对，消费者完全可以在派对上互相交换衣物。这些派对通常出现在金融危机爆发期间，具备时尚感和紧迫感，甚至还出现了所谓的“危机时尚达人”——不喜欢频繁购买新东西，热衷于交换衣物的时尚迷。

这类交换派对的概念很简单：人们交换自己用过的衣物、鞋子或配件。之后，根据物品的状态而收到具体数量的芯片，最后凭借芯片从其他人那里购买物品。衣物交换派对，一般都发生在同辈之间或由其他机构举办。

支持这样的派对，公司绝对有利可图。为这类派对提供赞助，公司就能够与目标客户取得联系，同时还可以达到推广公司产品与服务的目的。当产品或服务与分享过程融合在一起时，公司就可以在其目标受众中发展出新客户。从正面来说，借助分享的绿色精神（与购买相反），公司还会极大地提高自身声誉。

DM是一家德国连锁药店与化妆品店，就采用了这种方法，在奥地利萨尔斯堡赞助举办了一场交换活动。在会上，DM不仅展示了公司内部各类款式的化妆品，还邀请与会者免费试用，增加了交换活动所创造的价值。同时，DM公司的化妆造型师也参加了这次活动，帮助在场人士化出与其所购新服装相配的妆容。社交媒体平台和时尚博客网等活动做了大量宣传，对DM进行了口碑式营销。

同样，为了宣传新的软饮料——Pepsi Next，并吸引新客户，百事集团也与协同消费站点“跑腿兔”进行合作。

“跑腿兔”主要向客户提供方便的家务琐事外包服务，业务从烹饪到清洁，甚至排队买票服务等。“额外时间”是百事赞助的一项竞赛活动，赢家会得到“跑腿兔”一小时的免费劳动时间。该竞赛活动每次持续四周，每周会给出50个任务。

这种活动契合Pepsi Next的目标客户，通过这次合作，百事能将其品牌与“跑腿兔”提供的放松式服务精神有效结合起来：有可靠的人替你完成生活中的琐碎小事，你可以将时间用于专职工作。

发现基于分享经济的新型商业模式

除了前面介绍的五种方法，在协同消费的潮流下，也可能出现新型商业模式。

Kuhleasing ch 是瑞士的一个奶牛租赁网站，它的成功告诉我们：传统产业收入完全可以建立新的商业模式。随着牛奶价格不断降低1999 年瑞士奶酪出口联盟的解散，农民只能依赖出售大量奶酪才能生存下来。

为了满足生活的需要，一位瑞士农民将自己的奶牛出租给客户，不再只靠出售奶酪生存。租户支付一笔费用，可以租用奶牛一个季节。整个交易包括一张奶牛的照片、一本证书等，租户有自愿考察农场或去农场监视日常工作的选择权利。租赁成本中不包括最终奶酪产品的成本，但必须保证以特定价格购买不少于30 千克租赁奶牛生产的奶酪。农场还提供其他租赁选项，作为礼物赠送，如短期包装等。

另一个开拓出新型分享经济商业模式的案例是“The Wine Foundry”。

The Wine Foundry 主要为客户提供葡萄酒酿造所需的工具和辅助设备，业务酿酒师和职业酿酒师在没有葡萄园的情况下也能自己酿造出葡萄酒。The Wine Foundry 是个一站式自定义酿酒站点，为用户提供全方位服务，从水果采购到标签设计均可提供所需。

在这类商业模式中，客户只有付费，才能接触到自己无法拥有或管理的资产。租用或租赁必要资产后，客户也就变成了生产者。采用这种模式，传统企业和资产所有者不得不重新思考收入来源，并考虑能够吸引以顾客为中心的、偏向协同消费的替代性商业模式。

第五章　消费升级：既是消费者，又是经营者

“互联网+”时代的消费资本论

随着移动互联网的普及，社会化媒体营销的快速发展，消费者角色的变化越来越大，这一点跟互联网的属性和特点有着密切关系。互联网时代，消费者更会利用选择权来实现个性化利益的主张。

一、什么是消费资本论

消费资本理论，是将消费行为转化为资本的理念，其核心内容是将消费向生产领域和经营领域延伸。

消费资本论构建了一个共赢社会，一个和谐社会，一个真正繁荣幸福的社会。作为一种以人为本的理论，找到了一条符合大多数人利益的经济学途径，有人称它为中国的“穷人经济学”。

同时，消费资本论还是一种“全富”的理论，为社会上的穷人、富人找到了一个共赢的经济平台。普通消费者可以从中找到使自己获利的答案；企业家可以从中找到扩大市场和解决资金短缺的方法；地方官员可以从中找到加速地方经济发展的重要途径。

此外，它还让消费者把消费变成了投资。消费者在购买企业的商品时，企业会把消费者的采购视同是对本企业的投资，并按一定的时间间隔把企业利润的一定比例分配给消费者。

二、消费资本论对经济和社会各方面的影响

消费资本对经济和社会的影响主要体现在以下几方面：

1. 实现了思想观念的更新。消费资本化理论要求，应着眼于从生产和消费者两个方面双向看问题，生产者应当尊重消费者的人格与权益。尤其，在我们这样一个人口的大国里，农民是消费资本的巨大载体，必须重视 10 亿以上的农民和城市平民，这个庞大的消费群体在很多企业家眼中都是穷人，但他们才是真正的消费资本的巨大载体，因此必须善待农民和城市平民，为他们提供优质的产品，保障他们作为资本所有者利益，进而再扩大消费，使他们迅速富裕起来。

2. 对金融造成巨大影响。消费资本化理论对银行、信贷、保险、证券等部门都会产生重大影响，为了适应新的资本理论的要求，各相关部门必须重新审视各自的定位和运行模式。

3. 对消费能力产生影响。消费资本化理论将大大提高人民的消费能力，使我国由世界的生产中心转变成世界的消费中心，成为世界消费大国，进而成为世界经济的火车头。

4. 对国家上层建筑领域也有影响。消费资本化理论给上层建筑领域带来新的变化，将为建设高度文明的和谐社会提供一条有效的途径，使国家的各个领域——政治、文化、司法、和意识形态等领域重新审视自己的定位和行为规则。

共享经济颠覆我们的商业模式

随着共享单车、共享雨伞、共享充电宝等新事物的出现，共享经济已经不再新鲜。共享经济对我们的商业模式造成了重大影响。

1. 消费理念的改变消费结构选择的升级

所谓消费升级就是在购买力不变的前提下，消费者究竟选择把钱花在哪里。这里，恩格尔系数是最常用的一个参考数据。所谓恩格尔系数就是，消费者家庭中食物支出占消费总支出的比重，系数越大，家庭越贫困，反之同样。发工资了，究竟存多少？花多少钱？……这就是整体结构的改变和升级。你出去玩，究竟是乘火车，还是跟他人共享私家车？这就是结构改变和升级的体现。

2. 消费环境、消费成熟度的改变带来品类选择的升级

随着消费环境的变化，即使是在同一个场合下，做出的选择也会完全不同。同样是跟朋友小聚，十年前可能会去吃洋快餐，五年前可能去吃日本料理，两年前则可能是韩国啤酒炸鸡铺子，今年很可能就是边摊和烤串店。之所以会变化，并不因为消费者不喜欢麦当劳，也不必然是因为消费力提高了，更多的是因为消费环境发生了变化、社会流行文化发生了变化，引发了消费选择的升级。

3. 对同一品类品牌、品质要求的变化带来内容选择升级

关于这一点，我们用“瓶装水”这一消费品来举例。20年前，说到娃哈哈和王力宏的“爱你等于爱自己”，可能很多人都知道；10年前，农夫山泉是所有的标杆，因为它是“大自然的搬运工”；最近几年，“百岁山”“恒大冰泉”等“轻高端”品牌流行开来，进一步给“水”这个最简单的品类注入了更多的可能。

消费者对于“品牌价值”“产品包装”“产品品质”的不同要求，给“瓶装水”这个最简单的品类的消费升级提供了源源不断的动力。

4. 消费场景升级，吸引了更多消费者

大数据时代的消费升级，不仅体现在物质方面，还体现在体验感、环境等方面，消费升级模式下的场景升级，促生了一个新的风口——“新零售”的出现。

2017年，被业界称为“新零售”元年，同年也是“消费升级”被提及最多的一年。每个消费者都是“消费升级”的亲历者，每个品牌都是消费升级的参与者，也是其背后的推动力，例如盒马鲜生横空出世。其结合餐厅、超市和外卖服务等三大元素，主打“帝王蟹”“澳洲龙虾”等高端海产品，成功吸引了年轻顾客。

场景升级也为创业者提供了新的机会，例如在商场、电影院放置共享按摩椅，消费者在空闲时间就能享受按摩服务。

消费升级教会了消费者成长

这里有则小故事：

张女士开着一家服装店，主要卖休闲服，服装质量不错，而且价格实惠。周霞是这里的老客户，每到换季时，都要来这里买几件衣服。

一天张女士对周霞说："你觉得我们店的休闲服如何？"

周霞说："不错，价格实惠，质量可靠。"

张女士："既然你喜欢，我想跟你合作，你愿意跟我合作吗？"

周霞说："怎么合作？"

张女士："从今天开始，我正式邀请你成为我们服装店的合伙人。成为合伙人后，你只要跟过去一样，照例来我们店买衣服就行。过去你来这里买衣服都不打折，成为合伙人，就可以给你打8折；如果朋友向你咨询哪里的休闲服好，你只要帮着说一句话即可：'XX店最好，只要报你周霞的名字就可以打8折。'报你名字来这里买衣服的人，每买一件，我奖励你3元；如果他们再推荐的朋友来买衣服，每买一件，我奖励你1.5元。"

周霞说："好啊。"

周霞就介绍一些朋友来这里买衣服，月底张女士对周霞说："这个月你介绍的朋友在本店一共买了120件衣服。这是你的奖励1000元。"

一段时间后，周霞准备考试，很忙，没时间帮张女士介绍人了，但忙里偷闲依然会来这里买衣服，跟大家聊天。一天，张女士递给张霞1200元，周霞感到诧异，坚决不收钱，张女士说："你介绍的那些朋友买了衣服后，觉得衣服质量不错，也成了回头客，同时还介绍他们的朋友来买，我同样也给了他们奖励，这些是你应得的。"

周霞感动得说不出话来，从此之后，周霞就和张女士长期合作下去了。

听完这个故事，你知道什么是分享经济模式了吧，就是故事中所介绍的这种方式。

改变思维模式是当下所有人需要努力的方向。万众创业、人人微商的移动消费时代已经到来，移动互联网以人为中心的趋势不可阻挡，完全可以边消费边赚钱。

在传统的思维模式下，生产者是赚钱的人，消费者是花钱的人。每个人都是消费者，每天都在花钱，为了节省支出，我们都想追求更多的折扣，这就是大型连锁超市吸引消费者的一个重要原因。但折扣并不能为我们创造收入，而是来掏走我们口袋里的钱，为生产者或者经营者去创造收入。

运用传统思维，只能为消费者带来传统的结果，不会有任何新的东西。改变思维，就能够改变生活。换一种思维模式，进行消费升级，把注意力集中在收入上，思考如何通过日常消费去获得收入，就会出现完全不同的结果。

在北纬30°的蒲江炉坪村有个社区私享农场，率先提出了"共享果园"的概念。消费者只要定制一棵专享自己的猕猴桃树，一起参与果树的成熟、丰收，就能亲眼见证猕猴桃的生长。

炉坪村的定制猕猴桃源自鲜农纷享8S标准化示范农场，农场严格按照8S作物全程标准化管理系统进行猕猴桃生产，在整个生长过程中只施用2–3次植物源、生物源农业投入品，从生产高端保证了其安全性。

鲜农纷享的私享农场是我国“共享农业”的最新模式，果子丰收后，可以在鲜农平台上免费开店销售。同时，用户还可以将私享农场分享给朋友，获得额外奖励。

有分享，有奖励，福利这么好，何乐而不为？这就是消费升级的魅力。

每个人都是一条管道，从出生的那天起就开始流通各种各样的水，每天都在使用香皂、牙膏、洗发水、沐浴露、洗衣粉等日用品。如果将这些个人的单独消费管道连接起来，就会形成一个庞大的有生产力的管道，作为管道的建设者，只要从流进这些管道的水中赚取很小的比例，就可以获得每月的业余收入或每年的被动收入。这样做，就成为生产消费者，在花钱的同时还能够赚钱。

任何一种产品，都是从生产商到批发商或代理商，到零售商，最后到消费者手中。每款产品都经过层层加价，经过这些中间环节，产品才能从生产商流动到消费者身边。如果某件商品的出厂价是4元，批发商或代理商赚3元，零售商赚3元，到消费者手中时就会变成10元。如何在花钱的同时还能够赚钱呢？很简单，不用投资金钱，只要跟一家企业展开合作。

消费者都有时间，都认识一些其他消费者，企业只要花费一定的时间向人们分享这个“在花钱的同时还能够赚钱”的生意机会，就可以改变消费者的购物观念和购物习惯；组织消费者消费，建立一个生产消费者联盟，就能使消费者定向流动到生产商，建立起一个由终端消费者组成的商品流通渠道，让生产消费者参与到财富分配中。

这时候，消费者就具有了双重身份，首先是个消费者，其次是生产者。其创造财富的过程是：改变购物观念和购物习惯，进行消费，更明智地购物。举个例子，两家超市销售的商品都差不多，价格也不相上下，但如果一家实行会员制，消费者不仅可以在这里购物，还可以推荐朋友在这里购物，消费的同时能得到奖金，你会选择哪家超市？相信，一定是后者。

这时候，消费者通常都会问自己这样几个问题：

自己真正想拥有什么？折扣，还是自由？自由需要两个条件来保障，足够的金钱和时间。

愿意让自己缓慢地变穷，还是愿意快速变富？

以公道合理的价格来购买优质的产品和服务，就有机会实现财务自由，你是否愿意改变你的购物习惯？

消费升级时代，如何积极参与财富分配

消费升级必然会彻底改变人们的消费习惯和购物观念，甚至还会产生远大于互联网对人们生活的影响。有这样一个故事：

为了寻找埋藏巨大宝藏的钻石田，一位年轻人离开了富饶的土地。他漂泊到很远的地方，可是一无所获，最后还失去了财富和青春，客死在异国他乡。后来在他离开的土地上，人们发现了大量钻石。

每个人的家中都储藏着大量的宝藏，但却一直在被别人开采着。在我们的一生中，只有20%的花费和消费用在房屋和车辆等消费上，有80%的花费用在日常消费上，很多人都会将房屋和车辆看做是一种投资，其实如果将80%的消费和花费也变成一种投资，你就开启了一座巨大的金矿。

商业价值链主要包括生产、流通和消费三个环节。以往，由于生产力水平的限制，产品供不应求，社会处于一种短缺经济状态。这时，财富的创造主要集中于生产和流通环节，属于卖方市场，消费者在市场行为中处于弱势和被动地位。

分享经济时代，今天的消费社会是一个产能过剩的经济时代，商品无限丰富，消费者在市场中占有主导地位，属于买方市场。人们不但已经不用再拿着肉票去买肉，甚至可以根据自己的意愿，在众多卖家之间进行选择。即便是像手机、女包等非生活必需品，也有成千上万的品牌和款式供人们挑选。

因此，消费社会中的市场竞争，从宏观上看其实是围绕消费者展开的跨界竞争。人们手中的钱是相对固定的，如果用来购买某个行业的商品，就必然意味着在另一个行业中购买力的减弱。这种情况下，产品的财富创造方式，已经从以往的生产和流通环节，转向了消费环节。

人们对商品的购买和消费，就是一种财富创造行为。在商品过剩的经济时代，产品只有被人们所购买和消费，才能实现它的商业价值，创造出财富，否则只是摆在店铺或堆砌在厂房的废品。消费者既然是市场财富的主要创造者，他们就有理由也应该参与进财富的分配中。当消费者的参与意识觉醒，并获得产品的分享经营权、转向亦消亦商时，自然会推动社会经济进入到财富分配的新时代。

在过去的市场活动中，信息的不对称性使消费者处于被动地位。消费者创造了财富，却无法参与到产品利润的分配中。今天，消费的升级使消费者可以很容易获取需要的信息，产品的极大丰富使消费者有了更多的自主选择权。消费者成为经济活动的核心，拥有了更多的话语权，在市场中处于主导地位。

既然消费者成为互联网信息时代经济竞争的核心，成为实现产品商业价值的重要推动力量，那么他们就有理由参与进财富的分配中，有理由获得原本就属于自己的收益。而当这些有战略眼光和能力的消费者，通过自己的组织分享行为，推动了商业价值的创造时，就完成了自身角色的转变，在自身消费的同时又实现了收益。

其实，消费者的这种经济行为早已存在。比如，某个消费者在一家餐馆品尝到了十分美味的食物，便推荐给他的朋友。这个朋友到店里体验之后，也十分满意，又向其他人进行推荐。这时，这个消费者和他的朋友便不再只是单纯的食客，而是在无意间改变了自己的角色——通过自己的分享行为，让产品（美食）获得了更多的购买和消费。而且，这种基于亲身体验的产品推荐，比商家自己的营销推广更能够吸引到其他消费者。

只不过不论是消费者本人，还是商家或者整个社会，都还没有意识到这种角色的转变。消费者在分享产品体验的过程中，有效地促发了其他人的消费行为，为生产商和经销商创造了巨大利润，但却并没能有意识地参与到利润分配中，仍然只是作为一个单纯的消费者，没能意识到自身的价值创造能力。

因此，在消费导向更加凸显的新经济时代，消费者定然能意识到自己在促进消费行为、拉动经济持续发展的重要作用，对自己的角色功能有着清晰准确的定位，实现从单纯消费到消费与创富并举的转变。

“互联网+”时代的商业竞争，本质上就是对消费者的争夺。谁能拥有和黏住更多的消费者，谁就能在竞争中占据主动，获得更多的商业价值。

而在移动互联网时代，消费者的分散化、消费需求的个性化、消费场景的碎片化，都使生产商和经销商对消费者的争夺变得更加困难。相反，特殊的角色功能定位，反而更容易与分散的消费者实现情感上的共鸣和认同，建立起信任关系，从而将他们整合团结起来，实现产品的购买、消费和体验。

消费者从分散走向联盟是新经济时代的必然趋势，消费者就要从传统的生产关系价值链中挣脱出来，成长为能够创造财富、参与利润分配的消费者。这是“互联网+”时代财富创造的新思维，也是推动完成“新计划经济”转向的革命性力量。

合理消费，让家庭支出创造更大财富

消费升级是一场革命，可以预见，在不久的将来消费也能致富。

世界上多数财富都隐藏在消费过程中，消费市场就是一个庞大的金矿，生命不止消费不止。遗憾的是，消费者自身很难参与利润分配。当消费者购买商品时，如果生产厂家能够根据消费者的消费额，把中间流通环节利润的部分返还给消费者，消费者的购买行为就不再是单纯的消费，同时也会变成一种储蓄和投资行为。

在我们的一生中，除了青壮年时期是赚钱阶段外，未成年阶段和老年阶段都属于消费阶段。一个人想要富有，仅学会赚钱的本领还远远不够，更要学会消费投资。

今后在很长一个时期，我国的家庭人口结构都是：4位老人、2位年轻人、1个小孩。一个7口之家，2个人会赚钱，7个人在消费。2个人的收入与7个人的消费相比，过于悬殊。如果将家庭消费看作是一种投资或理财，并加以控制和管理，那么亿万级的消费利润就会源源不断地返还给消费者。

一、把家庭开支转化为家庭收入

如何才能将家庭开支转化为家庭收入，并像零售商那样获得利润？很简单，只要改变消费者在零售分配链上的位置。传统的零售分配链是这样的：制造商→供货商代表→零售商→股东→消费者。

除了消费者，零售分配链上的每个人都在赚钱：制造商和供货商在赚钱，供货商代表在赚钱，零售商店的股东也在赚钱……零售分配链上的所有人都在开采消费者的黄金。假使消费者每个月消费3000元，每年就会让36000元进了别人的口袋。

零售分销管道，是旧的方式。只要运用家里的黄金的概念，就可以获取包含在别人的零售资产的净资产；同时，也可以帮助别人从他们的朋友那里获得零售资产，让他们的邻居再从他们的朋友那里获得净资产……如此循环，遍及消费者所在的城市，整个国家，乃至全世界，日复一日，年复一年。

二、开采家里的黄金

家里怎么会有黄金？其实真有，就是那些被忽视的家庭开支。现象如下：

1. 你和家人通常去什么地方、买什么品牌的日用品？

2. 能通过电话、传真、互联网下订单，并免费送货到家吗？

3. 产品能确保都是天然、环保、安全、无毒的吗？

4. 价格合理、品质优异、有永久的折扣和优惠吗？

5. 如果产品使用不满意可以换货或退货还钱吗？

6. 你和家人每月花费多少钱在这些日用品上？

7. 你和家人能不能不用这些日用品？能不能不花这些钱？

8. 这么多年已经花了多少钱？

9. 还将花费多少……？

10. 不得不用这些日用品，不得不花这么多钱，但在花钱的同时赚过钱吗？

如果有一家超市可以让用户拥有：1 ~ 5 折的购物优惠；100% 的满意保证，10 天不满意可全额退款；更方便的购物服务（超市 / 电话 / 传真 / 邮寄）；更合理价格的多样化产品选择；更佳品质更安全的天然环保产品……相信，人们都愿意换个品牌、换家超市。

三、消费升级就是投资升级

互联网的高速发展促使网络经济急剧裂变，许多网络产品也像雨后春笋般地应运而生。

最近，网络上推出一种消费新概念，叫“生产消费”，有些人称为“消费投资”。基本的理念是：消费就是投资，投资是最理性的消费。简而言之就是，一边消费，一边赚钱。通过对这一概念的理性认识，可以改变消费者的购物思维、改变消费者的购物方向，甚至帮他们摆脱债务，为自己和家人创造持久的财富。

这个概念的内涵并不是要让消费者停止消费，而是引导消费者明智购物，然后通过互联网平台去传播与分享。

消费升级是一种道德行为，消费促进生产，升级创造消费。这种理念和行为已经出现在我们眼前，已经走进了大众生活，现在就等待我们去发现。

互联网是日益繁荣的全球化经济的推动力，创造了历史上任何产品都不曾创造的财富。当我们把电子商务的效率、速度和延伸力及生产消费者的力量结合起来时，就创造出了一个革命性的生意模式：消费者帮助企业伙伴扩展生意，以公司合伙人的身份向人们推荐产品和服务，公司为了报答消费者，就会给他更多的折扣或奖励。如此，消费者不仅会得到产品，而且还会拥有自己的生意，公司也会由于他的参与和互动而不断发展壮大。

这种消费新概念的魅力就在于，每个人都会获得利益！

第六章　消费即投资：消费资本论的正确解读

消费资本化理论的基本原理

一、消费资本化理论的核心内容

消费资本化理论的核心内容，是将消费延伸到生产领域，当消费者购买产品时，厂家和企业要将消费者对产品的采购看作是对企业的一种投资，并按一定的时间间隔，把一定比例的利润还给消费者。如此，消费者的购买行为已不再是单纯的消费行为，而是一种储蓄行为和参与企业生产的投资行为。

消费者同时还是投资者，消费也会转化为资本。如此，当消费者购买产品时，既能分享到企业成长的成果，也能为企业发展注入新的动力，将消费和投资有机结合在一起，让买卖双方合二为一，成为一体。

目前，中国社会正处于从日用消费品向耐用消费品过渡时期，消费资本论最适用于耐用消费品领域。企业生产什么、生产多少最终取决于消费者的意愿和偏好，消费资本化理论认为：消费者才是市场经济的真正主人和最终决定力量。他们既是市场的主人，又能给经济发展注入新的资本动力。消费资本化理论会让企业、消费者和整个社会的利益实现最大化，达到生产者、经营者、消费者和全社会的共赢，有力地推动社会经济的发展。

一旦消费者产生购买行为，生产者就会为消费者开设一个个人投资账户，就会将一定比例的销售收入注入其中，然后根据企业的盈利状况，将个人投资账户的累积额和企业利润的一定比例分期返还给消费者，使消费者参与企业投资，分享企业发展成果，达到吸引消费者、消费资本化的目的。通过消费聚拢效应，企业就会拥有一个新的巨大的资本注入，创造出庞大的资本存量来发展经济。

消费资本化理论认为，每个人都是资本的拥有者，中国的农民和城市平民多达 10 多亿，他们虽然是众多企业投资者眼中的穷人，但是他们才是消费潜力最大的群体，是消费资本真正的巨大载体。只有保障了他们作为资本拥有者的利益，只有让消费者分享到消费带来的利益，他们才会主动扩大消费，才能在享受高品质生活的同时，也能分享到消费带来的利益，这就是消费资本化理论的重要目的。

二、消费资本化理论

消费资本化理论认为：社会生产的最终目的是为了消费，如同硬币具有正反两面一样，生产和消费也是一个问题的两个方面。仅从生产角度对社会经济发展的动力进行分析，是单方面、局部的，只有从生产和消费两个角度来分析社会经济发展的动力，才是全面、整体的。

在消费资本化理论基础上建立起来的经济运行体系，无论是经济增长方式、商业模式、企业制度，还是分配制度，都与旧经济运行体系有着本质区别，是一种全新的经济运行体系。

新的经济运行体系包括：新的经济增长方式、新的商业模式、新的企业制度和新的分配制度。人类社会通过不断调整和完善经济增长方式来实现加速经济发展，基本模式是由单一货币资本支持经济发展，转化为货币资本和知识资本共同推动经济发展，促使三种资本融合在一起，共同推动经济发展。在这里，以“消费资本导向、知识资本创新、货币资本推动”

为特质的经济发展模式则是新的经济运行体系的精髓、灵魂。

1. 新的经济增长方式。经济增长方式是指，国家、地区和企业经济发展的推动力构成及发挥作用的形式；经济增长方式的转型是指，经济发展的推动力构成的改变及发挥作用的形式变化。只有改变经济增长方式，才能使国家和地区（包括企业）的经济实现突破性发展和质的飞跃，进入崭新的发展阶段。

在新的经济运行体系下，推动经济增长的原动力有三种资本：生产资本、知识资本和消费资本；同时，经济增长方式也是多元的。由单一的货币资本发展经济的传统增长方式，转化为货币资本和知识资本相结合的增长方式，再转化为三种资本联动的新型增长方式，是世界各市场经济发展必然遵循的总趋势，也是市场经济中非常重要的经济发展规律。

2. 新的商业模式。移动互联时代，市场经济已经完成由卖方市场向买方市场的过渡，预示着市场经济由卖方（厂家、商家）占主导地位的时代已经结束，而以买方（消费者）占主导地位、买方（消费者）同卖方（厂家、商家）平等合作的时代已经开始。过去适应卖方市场时期的商业模式已经陈旧，新时期如果想推动市场经济的发展，就要采用创新的商业模式。

新的商业模式与旧的商业模式不同，以往的商业模式只包含“一个内容和一个过程”，即单一的商品交易内容和过程，只要买卖双方货款两清，就完成了销售的全部过程。而新的商业模式则包括“两个内容和两个过程”，即商品交易内容和过程，以及买卖双方利润分配的内容和过程。消费者的货款大部分会进入下一个经营过程和生产过程，转化为资本，产生利润，商家和厂家也就有必要将部分利润返还给消费者。

新的商业模式的操作程序是：通过地网（门店连锁）和天网（电子商务）把消费者分散的、零星的、无计划的消费需求整理在一起，变成有计划的规模的分类需求，提供给供应商；之后，供应商按照分类需求供货，通过物流送到消费者手中。如此，整个交易过程也会变得高效、便捷，同时又为买卖双方提供了一个巨大的利润空间。完成商品交易过程后，卖方就会根据消费者需求额度的大小，把企业利润按照一定的比例分配给消费者。

3. 新的企业制度和分配制度。由三种资本共同创造企业利润，应由三种资本的所有者共同参与利润分配，是确立新的公平分配制度的理论基础。这种新的公平分配制度，可以从根本上打破流行已久的不公平的分配格局，从源头上解决分配不公等问题。

在这种理论基础上，可以确立一种新型的、由三种资本共同参与的综合资本股份有限责任公司，支持新的公平分配格局。这种企业制度由三种资本共同推动企业发展，保障三种资本所有者的权益。

消费资本化理论的重要意义

完整的市场资本是三种资本，即：货币资本、知识资本和消费资本。三种资本可以支持市场经济的发展，从根本上防止和避免经济危机。

一、在市场经济发展过程中呈现三种资本形态

传统的经济学理论认为推动经济发展的只有一种资本，即货币资本。可是，市场经济发展的实践说明，事实并非如此。通过对市场经济发展史

的研究，尤其是对最近二百年的市场经济的研究，可以发现：完整的市场经济资本构成应包括货币资本、知识资本和消费资本三个重要组成部分，并不是单一的或唯一的货币资本。也就是说，三种资本一起推动市场经济的发展，而不是单一的货币资本。

多年以来，我国市场经济都是货币资本一枝独秀，人们非常重视它的作用，货币资本所有者的权益也得到充分保证。可是，知识资本和知识资本的所有者，特别是消费资本和消费资本的所有者，却长期处在被忽视化甚至缺位的情况。发展经济只能单一地依靠货币资本，虽然经济也能被动消极一定程度的发展，但是由于长时间依赖货币资本，出现了很多诸如资本短缺、创新乏力、消费萎缩等问题。

近年来，知识资本的作用受到人们越来越多的重视。人们认识到，新的科学技术即人类知识的结晶，也就是所谓的知识资本，对所创造的财富起着重大的作用。它的具体作用表现为：当货币资本不能充分满足一个国家、一个地区、一个企业经济的发展需要时，知识资本就起到点石成金的作用，可以成倍地扩大现有货币资本的实力，推动地区和企业的发展，创造出更多的财富。这种货币资本同知识资本结合在一起的经济增长方式，跟依靠单一货币资本的经济的增长方式比起来，为市场经济的发展提供了更大的支持力和推动力。

随着市场经济的不断发展，人们进一步深刻地认识到：消费者才是市场竞争的最终决定性力量。消费者既是市场的主人，又是经济发展的源泉。因此，只有赢得最多的消费者，才能拥有最大的市场和巨额的资本注入。消费资本由此而生，“消费资本化理论”得以构建。

消费资本化理论的核心内容是，把消费者从产品链的末端以投资者的身份提升到前端，使消费者在购买产品时，分享到企业成长的成果，为企业发展注入新动力，将消费和投资有机结合起来，使买卖双方合二为一，将消费转化为资本。这样，消费作为一种资本，同货币资本、知识资本一样，也是企业和地方经济发展的直接动力。

二、新资本理论体系完成的标志

消费资本化理论，是突破西方传统市场经济理论的局限，而提出的一种新的资本理论。它科学地论证了消费转化为资本的过程，指出消费即是投资，从而在世界经济学说史上第一次提出消费资本这一新的资本形态，并以完整的理论体系把社会经济发展中消费和消费资本的力量系统地揭示出来。

消费资本化理论的提出，是人类社会经济发展观的一次重大革命，以全新的视角和思维模式，分析了消费也是推动社会经济发展的动力。

过去的经济学家，包括一些获得诺贝尔经济学奖的经济学家，理论上的一个共同不足之处就是，重生产轻消费。他们从资本的高度，对生产对人类社会经济发展的重大作用做了认真分析，都没有从资本的高度来进行分析；他们对生产和生产资本进行了深入研究，详细地阐述了生产资本的属性、作用和意义，却没有提出任何理论把消费和消费资本的力量系统地揭示出来。

以往的经济学家之所以会在理论上存在这一共同缺陷，原因在于，他们研究的前提是“商品的生产过程”，而不是“商品经济全过程”。以“商品生产过程”为前提，研究的重点是“生产的准备环节”和“生产环节”，而不是消费环节，这样就忽视了对“商品的消费过程”及其重大作用的深入研究。

市场经济理论研究的前提应是“商品经济全过程”，而不只是“商品的生产过程”。否则，研究及研究成果都是不充分的。

三、新市场经济理论形成的标志

在对消费资本化理论的深入研究中，进一步对人力资本进行了分析，有关人员并把人力资本提升到知识资本，进一步完善了市场经济资本构成体系，这是对市场经济资本理论的重大突破；同时，还以此为依据，提出了三种资本相互结合、共同推动社会经济发展的经济增长方式，完成了新的市场经济理论体系的建设。

新的市场经济理论具有两个基本特征：（1）完整的市场经济资本构成：货币资本、知识资本和消费资本；（2）经济增长方式是多种资本要素共同推动社会经济的发展。

知识资本的确立和消费资本化理论的提出，是市场经济理论不断发展的重大成果。该理论不仅有力地推动了各国市场经济的发展，而且还突破了原有的市场经济理论体系，使市场经济理论本身也发展到一个新的阶段。从这个意义上来说，消费资本化理论的提出，是新的市场经济理论形成的标志。

四、揭示了企业利润形成的秘密

新的资本理论体系的建立，特别是消费资本化理论的提出，向人们揭示了商品经济全部的真实过程，揭示并科学论证了以往经济学家予以回避的、没有揭示出来的社会财富和企业利润形成的秘密。因为新时期市场经济理论研究的前提是“商品经济全过和”。

消费资本论在现实生活中的贡献

所谓消费资本化是指，将消费行业转化为资本，所有的能带来财富和利益的手段都可以称为资本。消费资本化，是将消费行为看成对企业的投资，让消费者在获得商品和服务后，还能享受到在企业生产和经营过程中产生的投资收益。

要想了解消费资本在现实生活中的贡献，先要看这样一个故事：

国王为了表示对大臣的感谢，允许他提一个条件。大臣说，“我的要求不高，只要在棋盘的第一个格子里装 1 粒米，第二个格子里装 2 粒，第三个格子装 4 粒，第四个格子装 8 粒，以此类推，直到把 64 个格子装完。”国王听了，暗暗发笑，心想要求太低了，于是吩咐手下照此办理。

装米的工作进展神速，很快棋盘就装不下了，改用麻袋；麻袋也不行了，改用小车；小车也不行了，粮仓很快告罄……数米的人累昏无数，格子却像个无底洞，总是不满。

国王意识到自己上当了：一样东西，即使基数很小，一旦以几何级数成倍增长，其结果也是惊人的。

消费资本，是人类社会发展史上的第三次革命，第一次革命是货币资本，第二次革命是知识资本。消费资本，把消费和资本原本对立的两个概念结合在一起，是一个大的创新。从某种意义上来说，这是哲学上对立统一的应用。

消费资本化理论提出消费这一环节并不是走到了尾端，而是再投资的一个新的起点，与最早的生产环节连在一起，作为一个再生产，使生产、销售和消费成为一个循环，形成一个圆。这完全符合哲学原理。

在这个世界上，任何人都不会聪明得仅凭一己之力来计划经济的发展，市场经济自身就是个很好的平衡者。消费资本理论可以指导老百姓怎么花钱，充分重视消费者的利益，体现了以人为本的思想，强调社会每个个体的作用和其对生产的反作用，受到广大消费者的欢迎。同时，这理论还会产生很好的社会效益，是任何一个现代商业企业进入市场的指导思想。

随着科学技术的进步和社会经济的迅速发展，企业产能富裕，商品供应充足，市场成为买方主导的市场。越来越多的企业家深刻地意识到，消费者才是企业赢得市场竞争的决定性因素。消费者既是市场的主导力量，又是给企业注入新的资本动力的源泉。

消费资本论在现实生活中的分享主要体现在：

1. 消费者从消费链的末端，一跃成为前端参与者。传统消费者消费后，仅将花费的资金变成了商品，而消费资本论的出现，将消费者的消费作为投资，使消费者额外获得了企业持续利润的拥有者，为自己额外积累了财富。

2. 企业商家提供了扩大市场的新途径，解决了资金问题。

3. 地方、区域加快区域经济发展。消费资本论出现，让经济发展不再受单一资本推动。传统的经济推动模式已经不再适合未来发展需要，进而转变为由消费资本为导向、知识资本做创新、货币资本推动的三种资本联动的全新经济模式。

消费资本论在经济活动中的应用

消费资本化理论在实践中应用的最基本形式是“消费者投资”，即生产者将单位销售收入的一定比例注入到消费者在本企业开设的个人投资账户中，然后根据企业的盈利状况，将个人投资账户的累计额和企业利润的一定比例，按一定的时间间隔分期返还给消费者，使消费者参与企业投资、分享企业发展成果，达到吸引消费者、实现消费资本化的目的。

此时，消费者的购买行为，已经不再是单纯地为了获取商品，同时他的消费行为也变成了一种储蓄行为和参与企业生产的投资行为。这一行为可以在一定程度上消除买卖双方的对立，化解消费者和生产者之间的矛盾。

消费资本化理论在实践中的应用是多方位、多角度、多层次、高效益的。企业即使是采用“消费者投资”最基本的消费资本化形式，也可以获得如下的预期效应：规模经济效应——消费聚拢效应——资本沉淀效应——社会资本效应——场压力效应，关于具体内容，我们在这里不再赘述。

在研究如何解决营销的根本矛盾和问题时，很多人都习惯就营销模式本身分析问题，习惯从营销范围内谈解决问题的办法。这种思维方式，让我们长期局限在一些操作和技术层面上，无法触及根本性的问题，营销也就难以实现总体的突破。营销的根本问题是市场经济条件和消费者根本利益问题，需要从宏观经济的角度考虑和把握营销的发展问题。

一直以来，营销业都非常重视生产资本的作用，注意保护生产资本所有者的权益。但不容置疑的是，我们还没有充分认识和重视到知识资本的作用和消费资本的作用，没有充分保障知识资本所有者的权益，特别是消费者的根本权益。

营销要想做强做大，关键就在于引入消费资本、调动消费者积极性，加强消费资本化理论在营销中的应用。

在旧的传统的市场经济理论影响下，对于营销的发展，主要是从企业和企业产品、市场的一般需求和消费者的少许利益来思考的。其实，仅做到这一步还不够。这些只是对营销模式的部分调整和优化，是在同一营销观念下的演进，是在同一营销观念下的增长因素数量的延续，而非总体的、根本的、质的转变。

传统企业无法从经济增长方式的高度来看待营销，无法深入理解企业和消费者的关系。然而，经济增长方式的转型才是营销模式转型的关键。不管企业采用哪种方式开发市场，都要考虑市场机会的大小和自己驾驭市场能力的大小，并且必须记住彼得·德鲁克早期总结出的经验——“对于企业来说，生产(经营)什么并不是最重要的，重要的是要了解消费者(客户)需要什么，知道什么对消费者(客户)有价值，考虑怎样才能够方便消费者(客户)购买，进而主动地去满足消费者(客户)的需求”。

消费资本导向的创新营销模式与迄今为止所有的营销观念和营销模式都有着根本的区别，它克服了以往营销观念和营销模式的缺陷，对指导未来经济实践的发展具有重大的现实意义。这种创新的营销模式，真正将营销放在市场经济大背景下来考察，把握住了消费者的根本利益，使消费者能够积极、主动地消费，真正实现从生产到消费再到生产的完整循环。

消费资本导向模式的应用，让生产者和消费者之间的信息沟通渠道更为畅通。在传统的营销模式下，由于众多中间环节的存在，使得来自消费者的反馈信息不同程度的失真，生产者同消费者之间存在较大的信息不对称，生产者关于产品更新和优惠活动不能很好地传递给消费者，消费者关于产品的反馈信息也不能很好地传递给生产者。而在消费资本导向业务增长模式中，消费者同企业有直接的信息沟通渠道，信息沟通中的失真将大幅度降低。

更重要的是，在消费资本导向业务增长模式下，无论是生产者还是消费者，二者都具有相同的利益，都愿意更多地了解对方，更好地进行合作。如此，必然会进一步提高信息沟通的效果，最大限度地降低企业公司同客户之间的信息不对称，降低企业的营销成本。

第七章　案例解析：分享经济+消费经济的实践者

递灵客OOD商业思想

一、递灵客 OOD（E）商业模式

第一个字母 O 代表 Online（线上）第二个字母 O 代表 Offline（线下），第三个字母 D 代表 Direct Service（面对面服务）E 代表 Emotion（情感，情绪）

递灵客 OOD 商业模式是指："线上、线下和面对面"的模式。贯穿这一商业模式的是情感、情绪。

递灵客的 O2O 商业模式最早于 2011 年 1 月 17 日在北京发布，继 TrialPay 创始人 Alex Rampell 在 2011 年 8 月首次提出 O2O 概念后 2011 年 2 月，递灵客制作了世界上第一个 O2O 屏幕。

二、情感的定义

在递灵客商业模式中"情感"定义有二层含义：

1. 是指传统的情感、情绪定义，即普通人理解的喜怒哀乐；
2. 指色声香味触法。

三、递灵客 OOD 商业思想的理论基础

我们认为未来世界将构建在三个文明基础之上：

1. 源自希腊的现代西方科学与技术文明；

2. 源自中国的易经文明；

3. 源自印度的佛学文明。

四、消费创造价值与劳动创造价值

随着科技的进步和人工智能的普及，劳动创造的价值与消费创造的价值相比，越来越微不足道。

消费者才是企业的第一大股东。消费者对企业的贡献是第一位的，经营者和投资者是第二、第三位的。

消费者若被当做第一大股东，会给企业带来更大的成功。

五、分享经济和情感经济

分享经济与情感经济是紧密相连，不可分割的。情感经济的时代，分享经济必然繁荣；分享经济和消费创造价值，开启了情感经济的新时代。

随着互联网和人工智能的普及，情感经济必然大行其道。

六、递灵客的未来

递灵客 (OOD) 预计未来社会将在七个方面发生变革，产生重大商业机会，其中信用 (ABC)、保险和博彩首当其冲。

分享市场红利时代

如今，发展网络经济、分享经济，促进传统产业向新兴产业转型，已经成为经济发展的必由之路。一时之间，分享经济也就成了我国社会经济发展的一个重要话题。

一、从分享到分享经济

分享经济是让互联网上每个人充分、低成本地连接，并在这种连接之中创造出各种新的商业可能，而物品的分享只是其中一种。众多信息之间都是广泛互联的，社会消费不是纯粹地购买和占有，分享经济更符合人类社会可持续发展、万物皆可分享的消费理念。

分享在人类历史上已经存在了很多年，但把分享真正变成一种经济形态不过是最近十年的事情，直接牵引者是互联网的普及。2006 年中国出现的威客，是分享经济发展的一个重要开端，比如猪八戒网，就让每个人的能力得到了更大范围的承认，并创造出了巨大价值。直到今天，威客已经成为企业创新管理的一种重要模式。

2007 年美国《连线》杂志发表了一篇题为 Crowd Sourcing（众包）的文章。文中指出，人类的生产方式已经开始从外包向众包方向发展，参与、分享经济成了时代的热点。通过众包的发展过程可以发现，互联网释放出来的不仅仅是信息，还有每个人的创造力、每个人拥有的所有资源。

一个人拥有的资源，可以通过信息网络空间跟他人实现分享，这样就能创造出一种人类社会从没有过的连接价值。认识到这一点时，人们就开始认真思考如何把这种分享进一步商业化。

到了2008年，真正意义上的分享经济商业网站Airbnb出现。Airbnb推出后，受到了很多人的质疑，因为它没有一张床位，为客户提供住宿，即它并不是传统意义上的酒店，但它依然以超出传统行业想象的速度快速成长。

2009年Uber的出现，为传统企业进入分享经济提供了又一个不错的案例，让人们知道了如何利用分享去提高传统产业的附加值，改变传统产业的运作模式。

分享是人作为社会动物的一种本能，是人类社会的一种基本生产活动。如果只是进行实物或信息分享，没有形成经济回报，还不是分享经济。互联网出现后，随着信息搜索成本的大大降低，分享的范围逐渐扩大，分享不仅出现在熟人之间，而且在任何网络中都能够进行分享。尤其是到了移动互联网时代，随着支付体系、信誉体系等的逐渐完善，实物分享、信息分享更能够成功“变现”。如此，分享也就成了一种经济现象，能够创造出巨大的社会价值。

从劳动力、供给方和需求方的关系来看，企业经营是建立在如何利用劳动力创造价值基础上的。传统方式是，供给方给劳动力个体支付工资，劳动者生产产品，并通过市场提供给需求方，需求方付费购买劳动者产出的产品和服务。在这个基本模型里，企业和劳动者之间是一种雇佣关系。而在分享经济中，供给方可以是个人，他们可以通过平台直接跟个人消费者建立起一定的联系。通过分享平台，劳动者就可以直接将自己的能力分享给需求方，所以在这种经济模型中，每个人既是需求方，又是供给方。在分享平台上，劳动者跟顾客之间是一种直接、灵活的交易模式。平台通过提供供需双方的信息分享来获得交易佣金，平台的出现，保证了交易过程的顺畅、公平、合理。

由此可见，分享经济让原本复杂的供求流程得到了简化，真正实现了组织的扁平化，是一种完全建立在人与人之间平等、开放、互助关系之上的经济模式。

二、分享经济中的智慧人口红利

分享经济不是万能的，它仅仅描述了人类在万物互联时代的一种信息无限可达的状态，在不同的行业、不同的企业，其应用有着显著的不同。尽管如此，分享经济思想还是释放了对人的能力，有力地推动了人类社会的发展。分享经济，不仅将使我国的人口红利得以延续，而且还开创出一种完全不同的人口红利时代。

改革开放初期，劳动力成本低，大量涌入工业企业中，推动了中国经济的发展。可是，随着我国劳动制度的完善和国民素质的逐渐提升，“劳动力人口红利”经济模式已经无法继续。分享经济时代，出现了一种全新的劳动人口：他们互相连接，具有较高的知识获取能力和信息掌握能力，具有空前的创造力。

这种新的劳动人口为中国经济注入了活力，促使其价值创造能力大幅度提升，通过贡献智慧让中国的人口优势继续存在，这种新型的人口红利就是“智慧人口红利”。也就是说，通过互联网的连接，人口数量可以演化为经济实力，其价值主要体现在如下几个方面：

1. 个体能力增强

与工业时代相比，互联网时代的个体有着更大的社交范围，个体能够通过社交获得更多的知识，让知识的创造和传播发生巨大改变。

在工业时代，人类通过大学、科研机构等创造知识，通过学校和媒体传播知识。经过几百年的沉淀，我们才形成了现有的教育体系，并逐渐形成了一种人才成长范式。这种教育模式是一种“1 对 N”的传播模式，也就是一个老师对 N 个学生。社交媒体的出现，让每个人都变成了老师，同时每个人也都是学生，个体可以从社交网络中的任何人那里获取知识，这就是“N 对 N”的学习模式。

2. 创新模式改变

人的大脑是人类社会中最为重要的信息处理单元，一旦所有人的头脑都可以通过互联网进行连接，所带来的价值就会远远超出两个单个个体的简单叠加。通过社交网络，每个人的能力更具多元化，个人的创造力和企业的创新能力也发生了相应改变。

个人的创造力不再局限于某个专业领域，可以延伸到个体兴趣所涉及的每个领域；个体所要求的创新回报，也不再是简单的物质回报，而是包括了兴趣满足、社交满足等多种回报形式。由此，每个个体都可以在不同时间，根据自己的兴趣，参与到不同的创新中来，造就了成千上万的威客（Witkey）的出现。

分享经济时代，企业的创新也不再只是研发部门或某个科研机构的事情，而且可以采用众包的模式，由众多个体组成一个智慧网络来完成。这样就打破了过去的那种专业限制，不同领域的创新力量就能够相互借鉴，就会大大提升企业的创新能力，为企业创造出不同的技术和产品。

3. 组织效率提升

就威客来说，个体在组织关系上不会隶属于某个特定企业，可以根据需要随时加入某个企业的创新项目。于是，企业的组织模式也逐渐往大众参与的自组织方向发展，能够将全球智慧整合到一起，帮助企业运行管理。无论是企业研发，还是设计、营销等经营活动，都可以用“众包”的形式为威客提供便利，而这些威客也就成了企业的虚拟人力资源。未来，企业竞争力的高低，不仅取决于人力资源的数量和质量，而且还在于虚拟人力资源的数量和质量。

自组织的管理模式充分激发了组织内外相互关联的个体力量，改变了组织的基本能力。一旦这些能力进行合理的分配利用，就可能会大大提高组织效率。同时，因为组织流程的变化和参与者动机的不同，组织运行的成本也会有很大的不同，降低了传统的组织运营成本

从几个案例看中美两国的分享经济玩法有何不同

中美两国的分享经济玩法，究竟有何不同？下面，我们就通过几个案例来好好分析一下：

一、Airbnb 和小猪短租

1. 经济形势

2008 年是美国的次贷经济危机来临之年，Airbnb 诞生于三个喜欢做背包客的设计师。当时大量房屋贷款违约，房子被银行没收，美国经济整体直线下滑，优质供给数量多，新模式下的需求被渐渐激活起来，最终被接受成为一种新的常态。而国内，房屋行情不降反而一路飙升，屡次突破历史最高点，国内拥有优质房源的土壕都瞧不起这点小钱。

2. 供需关系

在酒店所拥有的房源外，Airbnb 增加了新的资源供给。只有在现有

供给无法满足需求的情况下，新增的供给才会显得格外有意义。这也是Airbnb被注意到的一个原因。当时美国进行全民选举，所有的酒店都被住满，人们不得不去体验Airbnb。而国内，经济型连锁酒店在大小城市密布各个角落，交通都十分便利，新的供给对国人不具吸引力。

3. 价格

价格便宜，是Airbnb另一点吸引人的地方。国外最便宜的经济酒店也得100多美元，而airbnb上却有很多不超过100美元且不错的房源。国内小猪短租的房源价格和经济型酒店的价格差不多，价格上没有吸引力。

4. 文化

美国鼓励社交，在陌生人家里聊聊天、借住一晚，人们往往不用克服什么心理障碍。而国内，如果跟陌生的房东住一晚，就会产生情绪上的抵触，就会下意识地觉得可能会产生一些分歧，弄得大家不欢而散。

5. 房子位置

美国没有封闭的小区概念，没有保安把守的门卫，房子的位置也都很好找。每个路口就会是一个新的打头数字，很容易找到路口。比如，现在在107号，要找到的331，根据打头数字，就可以知道再过两个路口就能找到那条街。而国内小区里的居民楼，一个小区50多栋楼全都长一样，还有保安把手，没钥匙进不去。因此对于旅行者来说，在国内背着行李到处找住宿，是件劳心劳力的事情，他们大多不想有第二次的体验。

二、Classpass和全城热练

ClassPass的诞生跟整个健身环境有关，具体体现为：健身习惯、会费价格、收费模式、场馆合作等。

1. 健身习惯

美国文化崇尚健身，对于大多数人来说，健身基本上已经是日常生活的一部分。他们从小就养成了健身的习惯，在互联网崛起之前，人们已经习惯去健身房，或在家用 DVD 进行健身锻炼。而我国的健身产业发展较晚，人们的健身习惯还得进一步培养，健身频率也远低于国外的平均水平。

2. 会费价格

美国地价便宜，健身器械也相对便宜，连锁健身房费用低，很多健身馆的月费都低于 99 美元，有些甚至只需要 30 ~ 40 美元，健身费用本身就不是一笔大支出。因此，即使运动频次不高，这笔费用也完全可接受。由此可见，Classpass 在价格上并没多大优势。但是如果消费者考虑到享受健身运动的多样性，那么成为 Classpass 会员就会变得很划算、很有吸引力。而目前国内健身年费都在 2000 元左右甚至更高，而且往往是一次性付清。

3. 收费模式

美国的各种会员制收费，基本上都是通过信用卡绑定定期直接扣款，例如 Amazon Prime 这种，每月自动扣款方式，对于美国的消费者来说普遍能接受。ClassPass 也采用的是这种方式，其约束力就在于，无法轻易暂停或取消会员资格。会员暂停 ClassPass 的会员资格时，每个月会收取 19 美元保留会费；一旦取消了 会员资格，以后再想加入，则需要缴纳 79 美元重新激活。这些都提供了强有力的惯性和约束力，而在国内用户还不接受这种收费方式。

4. 场馆合作。

美国的各种场馆十分饱和，比如纽约市的面积还不到北京市面积的十分之一，但场馆数却是北京的 4 倍多。由于市场竞争激烈，场馆方跟 ClassPass 合作也持开放态度。Classpass 之所以吸引消费者的原因之一，就是他们争取到不少高端品牌的健身房资源。这一点，虽然在国内也有初步尝试，但是大多数的高端场馆是不愿意开放给互联网从业者的。国内传统行业商家整体的合作意愿不高，很容易因为利益纠葛而集体倒戈，那么那些依附于线下的互联网公司的议价谈判能力就很有限。

5. 服务体验。

美国的场馆发展成熟，服务意识、线下体验都趋于标准化。而国内场馆服务意识参差不齐，很可能会对学员进行强制销售和特殊对待。

三、中国分享经济与欧美有何不同?

中国分享经济和欧美的不同，主要体现在：

1. 经济体量。

2015 年美国分享经济市场规模约为五千亿美元，约占美国 GDP 的 3%；而 2015 年中国分享经济市场规模约为 1.956 万亿元，占 GDP2.8%。预计未来五年，国内分享经济年均增长速度在 40% 左右，到 2020 年市场规模占 GDP 比重将达到 10% 以上。

2. 发展时间。

分享经济在全球范围内，于 2008 年前后开始快速发展，2011–2014 年出现井喷，目前依然保持着稳步增长的态势。分享经济在我国的发展晚于国外。随着 2010 年中国智能手机和 O2O 普及，许多分享经济企业于 2011 年前后开始创建，历经几年发展，从 2014 年开始爆发，目前处于分享经济发展的黄金期。

3. 行业方面。

分享经济的龙头企业 Uber 和 Airbnb 等企业都发源于美国，交通和住房是分享经济目前最受重视的两个业务领域；英国分享经济最强的企业主要集中在 P2P 借贷和融资领域，此外在交通、二手物品交易、教育和知识领域也存在典型的分享经济企业；在中国，分享经济主要集中在出行和金融分享领域。

4. 参与度方面。

英国作为欧洲分享经济之都，2014 年分享经济参与人口已达 1600 万，占总人口 1/4。民众普遍对分享经济充满好奇心和探索欲，目前英国的分享经济发展正处于起飞阶段，上升空间十分可观。2014 年的数据显示，抽样群体中 81% 的英国人认同分享模式的经济效用，76% 的人认为分享有利于环保，分享型价值观已经逐渐深入人心并成为主流。

5. 参与分享经济的人口规模。

我国参与分享经济的人数是英美两国之和的两倍，总规模近 3 亿人。

分享经济参与者占总人口比重。

中国只有 22%，低于英国和美国。

总的来说，相比于发展较为领先的英美等国家，中国的分享经济仍处在新生期，还有很大的提升和发展空间。

四、国外分享经济发展对中国的启示是什么

国外分享经济的发展告诉我们：

1. 加大政策扶持。

分享经济虽然发展火爆，但一路走来也是坎坎坷坷，其商业运行模式、组织管理模式等挑战着传统认知，还与现行的法律制度存在冲突。因此，用法律为分享经济铺路成为首先要解决的问题。

2. 加强政策引导。

在这方面英国人表现抢眼，他们在国家层面对分享经济予以高度重视。早在 2014 年初，英国政府就宣布把英国打造成分享经济的全球中心以及欧洲分享经济之都，并在政策等层面频频发力。而英国分享经济的规模也超过法国、西班牙和德国三国的总和，在欧洲处于领先地位。

3. 重视社会力量。

分享经济倡导“人人为我，我为人人”理念，意识到社会闲置资源的重要性、形成对分享经济的认识，是分享经济繁荣发展的基础。

4. 有效监管。

对于分享经济，如何能在扶持激励的基础上有效监管？英国人不仅为它提供了宽松的环境，还成立了一家与政府紧密合作的独立机构，采用会员制，对新加入的公司实行人员培训、保障消费者交易安全、处理投诉建议等，这种做法值得借鉴。

因此，要想支持共享经济发展，就要为其创造宽松的环境，降低门槛，引入工作人员提高认识，提高消费者体验等。

后　记：
未来的巨大潜力——分享经济

自从2015年政府工作报告中首次提出大众创新、万众创业的经济发展战略后，全国就掀起了一波创业创新大潮。随着分享经济的兴起，这也让我们看到了分享经济在未来的巨大潜力。2017年10月党的十九大胜利召开，更让我们看到了国家对分享经济的重视和认可。报告中，习总书记重申了中国对全面深化改革的坚持以及对创新、协调、绿色、开放、分享的坚定信念，提出了“推动互联网、大数据、人工智能和实体经济深度融合，在中高端消费、创新引领、绿色低碳、分享经济、现代供应链、人力资本服务等领域培育新增长点、形成新动能”；还多次提及消费，包括“在中高端消费、创新引领、绿色低碳、分享经济、现代供应链、人力资本服务等领域培育新增长点、形成新动能”……国家对分享经济重视程度由此可见一斑。

如今，分享经济已经被各行各业推上高潮，企业服务或许将会成为分享经济的下一个风口。据统计，中国分享经济规模已接近2万亿元人民币，并且逐步在渗透各个服务领域，包括知识、技能、信息资源等。政府的鼓励、万众创业及移动互联的兴起，共同为分享经济创造了更多的入口。

对于传统行业来说，用户通常都是有需求后到店进行服务，这种商业模式很普遍。随着企业服务的升级，旧有的商业模式已经显得有些格格不入。企业实现分享经济比传统行业有着明显的优势，具体如下：

1. 时间调配

从传统行业来说，如果企业想进行LOGO设计，就去找一家设计公司；之后，跟设计公司进行需求沟通，由设计师进行设计；最后，经过反复修改，企业进行验收。这种方式不仅会浪费大量的时间，而且还会大大增加沟通成本。但是在分享经济下，就会将时间资源进行整合，合理地提高时间效率。原来找设计公司设计LOGO需要花掉半个月的时间，现在可能只花几天就能搞定。企业可以根据自己的需求在威客平台上发布需求筛选作品，也可以通过聚合了大量设计公司的平台筛选合适的合作者，沟通周期大大缩短。

2. 移动设备

随着互联网移动占比的逐渐增加，智能手机使用率逐年上升。通过智能手机，人们可以实现碎片化时间利用，实现所谓的技能分享、服务分享及知识分享。企业可以通过移动设备，随时随地预约服务，实现分享经济。

一、分享经济从哪方面着手

企业服务实现分享经济，是一个巨大的缺口。企业实现分享经济主要可以从哪些方面着手？

1. 中小企业的基础服务需求

在中国，企业基础服务面临三大挑战：（1）中小企业的付费习惯意愿依然需要一定的培养时间；（2）客户拓展模式依然以线下地推为主，导致销售渠道成本非常高；（3）竞争激烈，面临BAT（百度、阿里和腾讯）等巨头的威胁，中国中小企业面临着巨大的压力，只有充分利用有效资源提升竞争力，企业才能更好地生存下来。

2. 利用闲置资源及能力

对于很多企业来说，企业通过分享经济盈利的另一个机会是分享现存的资产和能力。特别是当某种资产需要大量投资才能拥有时，这种策略更有前途。比如，想认识很多业界的知名设计师，就可以通过平台，将大量的设计师或设计公司聚合在一起，创造一个资源平台，为企业与设计公司搭建一个桥梁。如此，既能让设计师赚到钱，又能缩短企业与用户之间的距离。

3. 支持分享，实现匹配最优企业的服务

虽然向可持续型消费的转变给很多具备成熟的商业模式和收益来源的企业造成了重大威胁，但是它也为企业提供了可能的盈利道路。通过分享，可以将最优质的平台匹配出来，更好地服务于企业。分享能够提高企业的信誉度、吸引更多的用户粉丝，不仅可以帮助供给端解决获取用户成本高、品牌信誉度低的问题，而且还能解决需求端信息不对称及服务体验差的痛点。

二、分享经济的关键

分享经济的关键是流动，信息在流动，实物在流动，因此分享经济的关键是提高市场的流动性。

1. 调动闲置资源

在我们的生活中，闲置资源随处可见，比如空置的房间和汽车，闲置的时间、资金、物品等。分享经济调动了社会上沉淀的、不创造价值的大量闲置资源，提高了资源利用效率，带来巨大的福利提升。

2. 基于信任实现分享

信任是经济中的一个大问题，本身就是交易成本的关键组成部分。信任问题产生于信息不对称，传统经济模式解决信任问题的成本很高，如品牌、政府重度监管、第三方制衡、重复博弈等，这些较高的门槛使得许多可信的资源由于无法发出让人信任的信号而不能进入市场。分享经济依托互联网，有很多种低成本的方法建立信任环境，如社交网络信息、供需双方互评、推荐、举报、个人展示等。

3. 降低交易成本

闲置资源的调度，需要众多点对点供给与需求的实时匹配，这些都基于一个必要条件：信息技术。这里的关键是信息的传递和数据的积累，包括供给信息、需求信息、供需双方的背景信息等。互联网和移动互联网使信息的分发和信息的获取更及时、更容易，实现了线下资源的中心调度和按需提供服务。

三、分享大厅有门槛

要想进入分享经济的大厅，首先就要看清脚下的门槛。

笔者认为，分享经济产品一定要建立在刚需之上，比如打车不用滴滴，就只能坐公交或地铁；不用分享单车，就只能走路。那么，刚需如何衡量？

首先，看使用频率。这并不是指消费者使用某一产品的频率。所有权和使用权分离是分享经济最大的特征，其动力来自——消费者没有某一产品时希望使用它的频率有多高。

其次，判断分享经济对需求的满足，还要看它是否存在技术门槛。比如分享充电宝。随着科技的发展，无线充电及超级快充的普及，充电宝的需求变得不如智能手机刚兴起时那么强烈。分享充电宝平台如果想取得长足发展，那么充电宝分享或许仅是一个引子。

最后，分享经济要面对的另一道门槛是，只能在标准化服务上满足用户需求。比如分享篮球，很多人都不看好这一模式：首先，人们出来打球不会临时起意，总要换鞋换衣服。既然如此，多半都会带球出来。其次，球被放在储球柜里，在拿到球之前既看不到球的品牌，也看不到球况，但喜欢篮球的人，都非常重视这些内容，通常都不会借个破球来打。

参考资料

［1］马化腾等；腾讯研究院编．分享经济　供给侧改革的新经济方案［M］．中信出版社，2016.

［2］程维，柳青等．滴滴　分享经济改变中国［M］．张晓峰编 人民邮电出版社，2016.

［3］张新红．分享经济（重构中国经济新生态）［M］．北京联合出版社，2016.

［4］李光斗．互联网分享主义 分享经济［M］．机械工业出版社，2016.

［5］陈鹏全．一本书搞懂分享经济［M］．化学工业出版社，2016.